Dunkle Winkel

Hans Ostwald

Dunkle Winkel

herausgegeben und mit einem Nachwort
von Marijke Topp

Berliner Orte

be.bra verlag

Alle Abbildungen stammen aus dem Archiv des Verlages.

Mehr Informationen im Internet

Bibliografische Information der Deutschen Nationalbibliothek
Die Deutsche Nationalbibliothek verzeichnet diese Publikation in der Deutschen Nationalbibliografie; detaillierte bibliografische Daten sind im Internet über http://dnb.d-nb.de abrufbar.

KulturBrauerei Haus 2
Schönhauser Allee 37, 10435 Berlin
post@bebraverlag.de
Lektorat: Ingrid Kirschey-Feix, Berlin
Umschlag: Manja Hellpap, Berlin, unter Verwendung einer Fotografie von Heinrich Zille
Satz: typegerecht, Berlin
Schrift: Stempel Garamond 10/14 pt
Druck und Bindung: GGP Media GmbH, Pößneck
ISBN 978-3-89809-121-3

www.bebraverlag.de

Inhalt

Vorwort

Diese Großstadtdokumente sollen über die eigenartigen Persönlichkeiten und Bevölkerungsschichten, über die sittlichen und sozialen Zustände unserer modernen Großstädte Licht verbreiten. Sie sollen nicht aus Vergangenheiten, aus staubigen Urkunden und alten Nachrichten ihren Inhalt schöpfen. Sie sollen aus dem vollen Leben heraus ihren Extrakt geben. Ja, das soll diese Sammlung vor allen ähnlichen auszeichnen: Nicht über Bücher oder über Kunstwerke soll gesprochen werden – das Leben selbst soll sich mitteilen, soll als Stoff dienen. Und zwar das modernste Leben: das Leben der Großstadt.

Die letzten Jahrzehnte haben diese imponierenden Menschenanhäufungen geschaffen, die wir Großstadt nennen. Selbst wer ihre abscheulichen Mängel erkennt und haßt, wird ihr doch einen gewissen Kulturwert nicht absprechen können. Und wer ihren Kulturwert preist, wird ihre Mängel nicht übersehen dürfen.

So soll in dieser Sammlung versucht werden, Beides dokumentarisch festzusetzen: den Wert, die Vorzüge der Großstadt und – ihre Mißstände, Verderbtheiten und Verkehrtheiten.

Die verblüffende Raschheit des Wachsens der Großstädte schließt fast aus, daß ihr riesenhafter Gehalt in einem Kunstwerk, etwa in einem Roman wiedergegeben werden kann. Das ist selbst einem Zola nicht immer gelungen. Und wir wollen froh sein, daß wir über die Zeit solcher Romane hinweg sind.

Die Erkenntnis, daß ein Kunstwerk kaum noch den gewaltigen Stoff bewältigen kann – und daß dann immer noch manches unbeantwortet bleibt, hat mich zu der Überzeugung geführt, daß eine kurze knappe Darstellung des Stoffes viel mehr bieten kann, daß sie auch besser informierend und erkenntnisgebend wirken wird. Sie soll deshalb die künstlerischen Reize durchaus nicht ganz entbehren.

Aber gerade auf die Information lege ich großen Wert. Es ist bei der Vielfältigkeit des Großstadtlebens, bei seiner Universalität jetzt ganz unmöglich, daß ein Einzelner sich einen Einblick in all die Wege und Adern verschafft, durch die ihr Blut pulst. Er muss zufrieden sein, wenn er in seinem Spezialfach Bescheid weiß. Er muß zufrieden sein, wenn er die Straßen seines Viertels kennt.

Nun aber kommen so oft Dinge an die Oberfläche, die uns alle erregen, die uns allen vielerlei Fragen auf die Lippen locken. Aber – die Fragen bleiben unbeantwortet.

So, als die kleine Lucie Berlin ermordet wurde. Wer wußte da etwas vom Zuhältertum. Kein ernsthafter Mensch wagt, ernsthaft darüber zu schreiben. Keiner kennt den Zusammenhang und die sozialen Eigentümlichkeiten dieser Lebenserscheinung. Oft kommt sie in aufregenden Prozessen zur Sprache. Dann bringen Zeitungen und Zeitschriften die Berichte. Aber einer Darstellung oder ernsteren Besprechung solcher Kulturerscheinungen verschließen selbst bedeutende Zeitschriften ihre Spalten.

Da wurden in letzter Zeit so oft Prozesse aus dem Leben der Banken und aus dem Geldverkehr verhandelt. Ganz ungeheuerliche Dinge schienen dort vorgegangen zu sein. Aber – Vieles wurde von den Meisten garnicht verstanden. Wer ist denn heute über die vielen Arten von Banken informiert? Wer, außer den Börsenleuten, versteht etwas von den Vorgängen an der Börse?

Und doch ist kaum ein Gebiet heute so wichtig und ausschlaggebend im Erwerbsleben – und rückwirkend auch auf Sitte und Anschauung, wie der Geldverkehr.

Man braucht nicht selbst Kapitalist zu sein, und möchte doch gern unterrichtet werden.

Auch über homosexuelle Erscheinungen tauchten in den Gerichtsberichten der Zeitungen kurze Notizen auf. Notizen, die viele Menschen stutzig machen. Aber – eine Aufklärung über das Wesen der Sache erwarteten alle vergeblich von der Zeitung.

Und das eben sollen diese Großstadtdokumente: Aufklärung über das Wesen der Sache geben – unterrichten.

Unsere moderne Wissenschaft, unsere moderne Weltanschauung ist soweit gediehen, daß wir jetzt getrost vor manchen bisher verpönten Sachen die Augen öffnen dürfen. Ja, die Bevölkerungsgruppen und Zustände bedeuten in unserer sozialen Struktur soviel, daß wir endlich die Augen öffnen müssen.

Aber nicht nur mit den Sitten und Unsitten der Großstadt, mit ihren dunklen Winkeln und dunklen Menschen soll sich diese Sammlung befassen. Nein, auch das Geistes- und Arbeitsleben soll hier seine Schilderung und Kritik finden.

So wird sich einer der ersten Bände mit dem interessanten Leben der Bohème beschäftigen. Viele von unsern großen Künstlern, die wir jetzt alle in unser Herz geschlossen haben, werden dort in ihren wirren Werdejahren geschildert.

Ein anderer Band wird über Gemeinschaften und Sektierer sprechen. In unserer Zeit der sonderbaren Sehnsüchte, der Gemeinschaften, der religiösen oder spiritistischen oder theosophischen Zirkel wird dieser Band gewiß von Wert sein – um so mehr, da er von einem Berufenen kommt, von einem Sachkenner.

Und so soll diese ganze Sammlung ein Wegweiser durch dies Labyrinth der Großstadt werden. Der Sachkenner soll den Wißbegierigen an die Hand nehmen und ihn hindurchführen durch diese zahllosen Wirrnisse. – – – –

Zuerst beschränkt sich die Sammlung auf Berlin – was nicht ausschließt, daß sie später auf andere Großstädte ausgedehnt wird …

Dieser erste Band ist nichts weiter als eine Einleitung. Sie soll nur die Vielfältigkeit der Großstadt zeichnen – ohne etwa das Unternehmen auf das darin angedeutete Stoffgebiet festzunageln. Gibt doch schon die Liste der ersten Bände die Allseitigkeit der Großstadtdokumente zu erkennen – die übrigens schon darum Anspruch auf Wert erheben, weil sie durchaus dokumentarisch sein werden – und die auch des wissenschaftlichen Wertes nicht entbehren werden – wenn sie sich auch nicht an verstaubte Papiere, sondern an das Leben halten …

Hans Ostwald.
Großlichterfelde, im September 1904.

Im Bouillonkeller

Un wennste mir nich jleich begrüßt,
Denn jiebts eent jegen 'n Kegel!
Denn jiebts eent jegen 'n Kegel!
Denn jiebts eent jegen 'n Kegel!
Ick bin Marie'n ihr Ludewig
Un war zwee Jahr in Tegel![1]
Un war zwee Jahr in Tegel!
Merk' Dir det!
Ja, in Tegel!!

So klang eine harte, heisere Stimme aus einem Keller heraus auf die nächtliche Straße. Es war so gegen drei Uhr morgens. Der Fahrdamm war leer. Nur von fern leuchteten die trüben Laternen vom Nacht-Omnibus. Wenige Leute gingen auf der Straße. Männer, die nicht ganz gerade gehen konnten. Männer, die nach Bier und nach Schnaps rochen. Männer, die jedes der herumstreifenden Frauenzimmer anredeten und anstarrten.

Und dann diese Frauenzimmer!

Man kennt sie ja. Sie pendeln von Straßenecke zu Straßenecke, in geschmackloser, proletarischer, sonntäglicher Kleidung,

---

1 Tegel: Berliner Gefängnis

Heinrich Zille: »Unter der Laterne«.

die sie mit irgend einem grellbunten Hut – oder mit knalliger Seidenbluse, besonders hohen Stehkragen und flatternder Krawatte ins Extravagante erhoben haben.

Dicht vor uns ging so eine hinein in den Keller, aus dem das schöne Lied erschallt war; dieser Gesang hatte so recht gestimmt zu der dunklen Straße mit ihren schwärzlichen hohen Häusern, dem glatten Pflaster und all dem Treiben, das hier auf der mit Stein bedeckten Erde, wo nichts als Stein und wieder Stein zu sehen war, wo nirgends ein Baum grünte, wo kein Grashalm, keine Blume den grauen Boden und die kalten geraden Häuserreihen färbte.

»Private Speisewirtschaft« stand über dem Kellereingang. Und daneben: »Bouillon, Milch, Limonade«.

Das kam mir doch sonderbar vor, daß dies Volk sich in einem solchen Lokal aufhielt. Ich fragte meinen Begleiter, was das bedeuten solle.

»Na – dat sind doch jetzt de neu'sten Kneipen. Die werden erst um zehne – elfe abends uffjemacht. Un um eensen, zween rum in de Nacht kommt det Publikum. Lauter feine Sorte! …«

»Na – aber ohne Alkohol?«

»Jawoll, janz ohne Alkohol! Die kriegen doch keene Konzessjon. Lange jiebts die Kneipen noch nich. Die meisten erst seit'n April. Hier in de Prinzenstraße – un denn in de Linienstraße – na – un wo noch.«

Wir gingen beide hinein.

Zwei Räume. Sehr sauber. Wie ein bürgerliches Lokal. Mit Decken auf den Tischen und Kaiserbildern und Kaiserbüsten. Ein großer, starker, stiernackiger Kellner kam gleich auf uns los. Wir bestellten uns Bouillon und setzten uns an der einen Seite.

Auf der andern Seite saßen mehrere Paare. Vorn am Fenster der Sänger des schönen Liedes. Ein schwarzhaariger Bursche, glatt und glänzend frisiert, ein trockenes, knochiges Gesicht mit breitem Kinn, starkem Mund und tiefliegenden, glühenden Augen. Sein Mädchen üppig, aber blaß und verschüchtert. Er war elegant schwarz gekleidet, wie ein Handwerker des Feiertags. Doch zeigten seine weißen Hände, daß er kein Handwerkszeug mehr anfaßt. Er stopfte sich eine Portion Cotelette hinein, während das Mädchen eine Limonade trank.

Beide sprachen fortwährend zum Nebentisch hinüber, an dem ein ganz junger, bartloser Kerl mit zwei jungen Mädchen saß. Die speisten zusammen Kartoffelpuffer, schimpften, daß so langsam frische gebraten wurden und schlürften dazu schwarzen Kaffee.

Die beiden Mädchen schienen sich gut zu vertragen. Nur die eine machte dem gemeinsamen Bräutigam Vorwürfe:

»Mensch – ick weeß nich, wozu Du immer andern den Schlunk ausspülst! Nu jiebt man Dir und jiebt Dir. Un nich blos ick – Lene jiebt Dir ooch – un Du siehst nie so schick aus wie de andern! Kiek mal Franzen an – der is nich so dumm wie Du – der kümmert sich 'n Deibel um Andere. Un wie sieht der aus!«

Der Bräutigam hörte nicht auf sie und würgte nur die heißen Kuchen in sich hinein.

Sie ließ aber nicht nach:

»Ick wollte noch sagen, wir Beede wären faul un verdienten nischt. Aber – jede von uns hat doch jeden Abend wenigstens ihre dreie – viere. Un – nee – ick könnte mir janz jrün ärgern! ... Du könntest doch Alle die Augen ausstechen, wennste man wolltest!«

Er ließ sie reden und aß.

Erst als er fertig war, stand er auf:

»Na nu blas' mir nich so de Ohren voll! Ick will ja nich!«

Damit stand er auf, um sich das Essen zu vertreten.

Dies Wort – Ick will ja nich! – schien hier den Unterton der Gespräche zu bilden.

Da kam ein einfacher gekleidetes Mädchen herein, das noch ein wenig Frische auf den Backen und in den Augen hatte. Es setzte sich zu einem allein sitzenden Menschen, der schon lange auf sie zu warten schien. Aber sie zog sich den Stuhl abseits und drehte dem Mann den Rücken zu.

Er legte seinen Arm auf ihre Schultern.

Sie rückte weiter von ihm fort.

Er zog ihren Stuhl an sich heran:

»Komm doch 'n bisken zu mir!«

»Ich will ja nich!«

Und sie rückte wieder fort.

Nach einigen schmeichlerischen, stummen Annäherungsver-

Heinrich Zille: »Wenn ick man heite erst besoffen bin, for morjen is mir janich bange.«

suchen von ihm sprudelte sie heraus, mit zitternden Lippen, tief gekränkt:

»Du denkst woll, wenn ick hier jehe und Du stehst drüben uff de andre Seite – und Du kloppst mit'n Stock uff't Pflaster – denn muß ick kommen?! Wat! ... Da könnte ja jeder kloppen! Da kann ja jeder Straßenfeger kloppen – un det Weib muß kommen?!«

Sie wendete sich wieder von ihm ab und sprach zu der andern Seite hinüber, wo die essenden Damen und ein fortwährend Zeitung lesender junger Student mit dem Hut auf dem Kopf saß:

»Nee – soweit darf man't denn doch nich kommen lassen. Hier blos – sie klopfte mit dem Schuhabsatz auf die Diele – un denn springt man schon!«

Man sah ihr an, wie sie um ein bischen Stolz kämpfte, wie sie sich nicht ganz unterducken, wie sie ein wenig ihr Eigen nennen wollte, wie ihre Seele schrie:

»Ich will ja nicht, ich will ja nicht!« – – –

Dann kamen mehrere alte, wohlgenährte Herren herunter. Ein Kegelklub. Die Männer hatten bis zwölf gekegelt, waren dann bis jetzt in einem besseren Bierlokal und kommen nun mit vollen Bäuchen hierher, um eine Tasse Bouillon zu trinken. Ihre Augen sind tranig von Bier und Müdigkeit, ihre Zunge schwer. Und nur Einer schwätzt unaufhörlich:

»Wenn wir wieder uff unsere alte Bahn – spielen, denn, denn hab ick keene Ratze! – Glauben Sie – nich eene Ratze! Nich eene … Wenn wir man erst wieder uff de alte Bahn spielen!«

Inzwischen läuft der eine junge Kerl, der vorhin die Puffer gegessen hat, unruhig herum; immer zur Tür – wieder ins Hinterzimmer – zur Tür – ins Hinterzimmer.

Plötzlich hält er sich den Bauch:

»So een Leibkneifen – so een –«

Und rennt weiter.

Ein ältliches Mädchen kommt herein. Blaß wie die weißen Spitzen auf ihrer Schulter. Die Backen so eingefallen, daß man fast jeden einzelnen Zahn sieht. Nur Haut über den Knochen. Schreckliche, eingefallene glasige Augen. Die Arme so dünn wie ein Spazierstock. Aber – immer noch unterwegs auf der Straße. Und an ihrem guten schwarzen Kleid, den Spitzen, dem Hut, der seidenen Tasche ist zu sehen, daß sie nicht umsonst unterwegs ist …

Sie setzt sich ganz in die leere Ecke am Fenster.

Die andern rufen ihr erschreckt zu:

»Na – Du siehst aber wirklich schlecht aus. – Will't denn jarnich mehr schmecken? – Donnerwetter – nu mußte aber futtern, sonst machste nich mehr lange!«

Der junge Kerl, der sich mit beiden Händen den Leib hält, bleibt vor ihr stehen:

»Ja – Dir sieht man't an – Iß Dir man wieder 'n bisken Fleesch an! – Will't Dir denn jarnich schmecken? Na, iß man or'ntlich, futter man feste!«

»Ick kann ja nich!« sagt sie verzweifelt.

Da steht er vor ihr wie vor einem Wunder, wie vor einem Unbegreiflichen; stumm glotzt er sie an …

Und er wandert mit verzerrtem Gesicht weiter, ärgerlich, mit schmatzendem Mund auf die Teller voll heißer Kuchen blickend, die seine Mädchen vor sich haben.

Die Blasse sitzt still.

Plötzlich trampelt eine dicke Frau die Treppe herunter. Rotes, aufgedunsenes Gesicht, von kurzen Locken eingerahmt, die über die niedrige Stirn gekämmt sind. Ohne Hut. Mit blauer Küchenschürze über dem dicken Leib. Hinter ihr ihre Tochter. Noch keine zwanzig Jahr alt. So ähnlich gekleidet wie die Mutter. Nur ein schwarzes Jakett an. Und die geschminkten Backen so schlaff und der Mund so faltig – –

Kaum sieht die Dicke das blasse, kranke Mädchen in der Ecke, stürzt sie drauf los und schlägt mit dem Handrücken in dies leidende Gesicht und schreit mit blitzenden Augen und geiferndem Gebiß:

»Wat – so 'n Frauenzimmer is hier drin, die Lampen macht?[1] Wat, so eene traut sich in een anständiget Lokal?!«

Klatsch – klatsch – immer auf die blassen Backen und den blassen Mund, die sich fast gar nicht rot färben, trotz der harten Schläge.

---

1 Lampen machen: verraten

»Laß se doch man!« mahnen schließlich die Umsitzenden, die sich nicht rühren, als von Lampenmachen die Rede ist.

Doch die Dicke gerät immer mehr in Wut, schlägt immer hastiger drauf los, packt zuletzt den Spitzenkragen, reißt ihn herunter, zerrt dem schwachen Wesen die seidene Tasche aus den Händen und wirft alles die Kellertreppe hinauf auf die Straße. Schließlich greift sie in das schwarze Kleid hinein und zerreißt das, immer schreiend:

»So eene muß raus! Fritze – die muß raus! Raus, raus! Sonst kann hier keen anständiger Mensch mehr rin!«

Und immer wütender fällt sie über die Blasse her, die sich still wehrt und nur ab und zu sagt:

»Ick mache doch keene Lampen – wo ick selbst Angst davor haben muß!«

Niemand hilft ihr. Ja, die Tochter der Dicken setzt sich dicht vor der Blassen auf einen Stuhl und hetzt ihre Mutter auf, mit Vergnügen beobachtend, wie die Blasse geschlagen und schimpfiert wird. Endlich kommt der dicke Kellner zwischen. Erst nach einer ganzen Weile gelingt es ihm, die Dicke ins Hinterzimmer zu schieben. Dort sitzt sie und regt sich immer wieder auf.

»So'n Frauenzimmer! Verdirbt mir det Haus, det man nich mehr sein Geschäft nachjehn kann, det se davor stehn – zwee Vigilanten – so 'ne Vigilantin – is selber eene! ... Paßt ja zu ihrem Spitzbubenjungen!«

»Jawoll!« antwortet die Blasse, in deren bleichem Gesicht jetzt ein roter, blutrünstiger Mund steht – »jawoll – so lange war meiner keen Spitzbubenjunge – aber – weil er nich mehr bei ihr eßt – weil se so'n Fraß kocht ...«

Und sie putzt sich wieder mit dem Spitzenkragen, den ihr die andern hereinholten. Die reden ihr zu, sie solle die andere nicht immer wieder aufhetzen.

Gerade als die Dicke wieder aufspringt, kommen zwei robuste uniformierte Schutzleute die Treppe herab, gehen im Lokal mit suchenden Augen hin und her – und still ist es, als sie mit schweren Tritten wieder hinausgegangen sind. – – –

In der Passage

Sonderbare Gestalten stehen da am Eingang. Diese Köpfe mit dem angstvollen Gefängnisblick, mit dem kriechenden Auge ... Und dabei doch Entschlossenheit, Verschmitztheit und Verkniffenheit im Gesicht. Einzelne ganz elegant. Besonders der ältere Herr im grauen Rockanzug, der so tadellose Wäsche und eine neufarbige Krawatte trägt. Sein gesundes Gesicht ist von einem grauen weichen Bart umrahmt. Nur, daß die Brauen so tief über die Augen hängen und die Lider manchmal halb die Pupillen verdecken – nur das gibt dem Gesicht etwas Hinterhältiges. Und dann – diese dicke, demonstrierende Uhrkette! ...

Andere, glattrasiert, vollbauchig, stehen bei ihm – ganz, wie wenn sich gute Bekannte dort ein Stelldichein zu einem Ausflug gegeben hätten. So sprechen sie scheinbar gleichgültige Sachen und warten auf Nachzügler. Aber – die kommen nicht. Und da geraten zwei der Männer heftig aneinander:

»Ich hab ihn ihm geführt zu!« schreit der eine, ein dunkelblonder, der sein Haar kurzgeschoren trägt und mit der goldenen Brille ganz ehrbar aussieht.

»Nu ja – ja – Du bist es gewesen!« antwortet der Zweite ironsch, giftig. Er frißt einen Augenblick den Zorn in seine gelbe Haut hinein, rollt seine dunklen, kohligen Augen, fährt sich durch die strähnigen schwarzen Haare und spuckt dann aus.

Da fährt der Blonde auf ihn los, giftig und erbost. Und enthüllt, daß er dem älteren Herrn einen jungen Referendar zugeführt hat, den der ordentlich rupfte – durch Wechsel, Verkäufe, Leihverträge und ähnliche schöne Dinge. …

Nun streiten sich die Beiden um die Prozente. Bis der ältere Herr zu den Streitenden sagt:

»Nu geb ich Keinem was! Wo ich nich weiß – wer ihn hat gebracht?!«

Bestürzt und betrübt schweigen die Andern.

* * *

Wenige Schritte weiter steht eine andere Gruppe. Schäbiger, verknitterter.

Ein trockener, bärtiger Mensch, der in seinem gelbgrauen, altmodischen Anzug, dem breiten Umlegekragen und dem schlichten schwarzen Schlips wie ein kleiner biederer Krämer aussieht, ist hier der Mittelpunkt. Sein Gesicht ist in ernste, tiefe Falten gezogen, die Lippen sind schmal, die Nase scharf und die Haut vergilbt, wie wenn Geiz und Gier unter ihr glühten.

Ein Mann, dem der große schwarze Rock zu weit ist, dessen Hosen zu kurz sind und dessen Haare wirr um ein weichliches Gesicht hängen, gibt dem Andern einen ganzen Stoß Briefe und Karten und lacht vergnügt:

»Die haben heute Alle geschrieben, ob sie Geld kriegen können.«

Der Hagere bleibt ganz ruhig:

»Wieviel sind's denn?«

»Dreiundzwanzig! Dreiundzwanzig!«

Und er schüttelt die Papiere, daß sie flattern und rascheln.

Gelassen nimmt sie ihm der Hagere aus der Hand, zählt sie, sieht sich die Schreiben an, betrachtet die Unterschriften – –

Eingang zur Kaisergalerie an der Friedrichstraße. Fotografie von Heinrich Zille.

Der Andere spricht zu den Umstehenden, die ihm alle gleichen, die auch alle irgendwo eine auffallende Schäbigkeit zeigen – am Hut, der schmierig und abgetragen ist, an den Stiefeln, die brüchig und schiefgetreten sind, an den fettigen Krawatten, an den ausgefranzten oder viel zu weiten Hosen, an den alten, vergrauten Schirmen –:

»So viel Dumme haben sich doch lange nicht gemeldet! Da gibt's ordentlich was zu holen! ...« Ein bischen nachdenklich fügt er hinzu:

»Muß doch 'ne verflucht schlechte Zeit sein. Alle wollen Geld pumpen!«

»Ach wat – die – die leben ja blos alle über ihren Verdienst – und denn sollen Andere se aus de Patsche ziehen! He – se können ja vorher sparen, wenn't ihnen schlecht jeht!« meint ein robuster, knochiger Kerl grob und wegwerfend.

Und ein kleiner, vermeckerter, triefäugiger schmalbrüstiger Mensch stimmt ihm zu, hetzt und schimpft, daß ihm der Geifer aus dem zahnlosen Mund läuft. Die ganze Wut und der Neid des Vernachlässigten und Glücklosen spritzt heraus.

Der Weichliche will die Briefschreiber in Schutz nehmen.

Aber die andern fallen über ihn her und schwatzen ihn nieder.

Der Hagere steckt immer mehr von den Papieren in die linke Tasche und murmelt:

»Ist nischt los – keen Fetzen wert – die haben doch nich mal mehr Jeld for de Auskunft!«

Das Gesicht des Weichlichen wird immer verschüchterter und bestürzter.

Bis der Hagere alle Papiere durchgesehen hat und sagt:

»Da – die sieben – bei die lohnt es sich. Die schick mir man nach de Schönhauserstraße. Die rücken sicher den Dhaler for de Auskuft raus.«

»Und die andern, die andern alle?« fragt der Weichliche zaghaft.

»Na – die kann ja Schubert uff sich nehmen. 'n Paar sind ja immer noch bei, die sich irgendwo 'n Dhaler verschaffen.«

Der rohe Kerl nimmt die Papiere und erzählt dann lachend, wie er ein paar Darlehenssucher rausgeschmissen hat, die vergebens den Taler für die Auskunft bezahlt hatten und rabiat geworden waren.

Der Kleine schüttet sich fast aus vor Lachen.

Der Hagere aber geht, immer ernst bleibend, hinaus aus der lebhaften, mit buntem Trubel gefüllten Halle, heimwärts nach seiner Wohnung in der Schönhauserstraße – wo er bei seiner Frau wohnt. Sie hat sechs bis acht glänzend möblierte Räume.

Absender

Name Vorname

Straße

PLZ/Ort

E-Mail

Alter Beruf

Aktuelle Informationen finden Sie im Internet unter www.bebraverlag.de. Einfach den QR-Code scannen!

Tel.: 030 / 440 23 810 Fax: 030 / 440 23 819 post@bebraverlag.de

Bitte als Postkarte freimachen

Antwort

be.bra verlag GmbH
– Kundenbetreuung –
KulturBrauerei Haus S
Schönhauser Allee 37

D-10435 Berlin

Wenn aber jemand zu ihm kommt, wird er in ein kleines dürftiges Hinterzimmer geführt, indem nur ein Feldbett, ein eiserner Waschständer, ein alter Tisch und zwei Stühle stehen. Und alle, die hier ein Darlehn haben wollen, werden zu einem der Kumpane geschickt, bei denen sie drei bis fünf Mark für »Auskunft« zahlen müssen, die der für den »Darleiher« besorgt.

Aber es ist merkwürdig – die Auskunft fällt stets so aus, daß der Geldgeber sich nicht entschließen kann, sein Geld herzugeben …

* * *

Das sind so einige der festen Punkte in dem ewig sich bewegenden bunten Bild, das hier unter dem Glasdach zwischen den Linden und der Friedrichstraße flimmert. Von den Steinen des ein wenig an die goldprotzende Gründerzeit erinnernden Baues ist nicht viel zu sehen. Sie sind alle mit buntem, glitzerndem Ornament, mit schimmernden glasierten Fliesen und verzierten Fassadensteinen belegt. Und zwischen ihnen blinken die großen glänzenden Schaufensterscheiben, hinter denen hier Bijouterien, dort Nippes, nebenan Schmuck, weiter drüben allerlei süße und luxuriös verpackte Chokoladensachen und Konfitüren locken. Und wieder Bijouterien, Reiseandenken, Bernsteinschmuck. Und das Licht gedämpft – die Luft dumpf – von oben herab unsichtbar weiche Musik – große Spiegelscheiben eines Kaffeehauses, hinter denen luxuriöse Damen an Marmortischen sitzen.

Und vor dem einen Eingang große Bretter voll bunter schreiender Plakate:

Das Bärenweib!

Ein Orchestrion trommelt, bläst und pfeift seine gräßliche taktmäßige Musik hinter diesen Plakaten und ein paar schwarzgekleidete Herren preisen den Vorübergehenden die Sehenswürdigkeit an.

Über allem liegt dies gedämpfte Licht und diese dumpfe Luft. Und die vielen scharrenden, schlürfenden, trapsenden Tritte auf dem gelben Fliesenpflaster hallen wieder von den glitzernden Wänden und dem gewölbten Glasdach. – –

* * *

So bunt wie die Wände und wie die Auslagen der Schaufenster – so bunt ist das Menschengewimmel. Familien aus der Provinz. Stumm vor Staunen; mit Geldtäschchen über den altmodischen Mänteln, Reisehüten, den Führer durch Berlin aufgeschlagen in den Händen. Berliner aus dem Osten, die Verwandten von außerhalb Berlins Sehenswürdigkeiten zeigen wollen. Sie sehen in ihrer Arbeiterkleidung nicht viel anders aus als ihre Verwandten. Nur ihr bleiches Gesicht, ihr sicherer Großstadtblick unterscheidet sie. Und doch sind auch sie hier fremd, auch sie schauen verwundert um sich und bewegen sich ein wenig linkisch in diesem Gewirr eleganter Herren und Damen. Und wundern sich, daß jene feine Dame, die dort vor den Bijouterien stand, einem Kopfnicken eines Herrn folgt, der in Lackstiefeln, neuen Handschuhen und langem Mantel steckt und auf dem frisierten Kopf einen Cylinderhut trägt. ... Und drüben, das stattliche Geschöpf mit den prachtvollen Spitzenunterröcken und den feinen Stiefeln – warum die ihre Unterwäsche zeigt? ...

Und die vielen jungen Männer, die hier mit glänzenden Augen nach diesen Frauen starren.

* * *

Vor einem der Schaufenster. Drinnen ganze Reihen von Büchern. Viele mit einem lüsternen Frauenkopf. Mehrere mit der Binde:

»Interessant! Verboten gewesen!! Sehr spannend! Enthüllungen aus der Lebewelt!!«

Andere, die über Ehesachen Auskunft geben. Flagellantenbücher mit einer abscheulichen Illustration auf dem Deckel.

Und ganz vorn an der Fensterscheibe Photographien mit Binden: »Konfisziert gewesen!«

Gräfes »Märchen«. Französische Sujets und ähnliche Dinge, die an den Buchdeckel von »Le Nu au Salon« erinnern – der übrigens auch in allen möglichen Exemplaren im Schaufenster liegt.

Und davor: Junge und alte Herren – und ganz junge Burschen und Mädchen, die mit weit aufgerissenen Augen hineinstarren in diese sonderbare Welt.

»Au – Mensch – du, det koof ick mir mal!« sagt ein zwölfjähriger Junge zu seinem Nachbarn. Sein kurzgeschorener, blaßblonder Schädel leuchtet über einem eckigen bleichen Gesicht, dessen Augen in tiefen Rändern liegen und dessen Ohren weit abstehen.

»Och – dafor Jeld ausjeben?« macht der andere wegwerfend und wischt sich mit dem Ärmel den Schmutz von der Nase, die in einem dicken, brutalen Gesicht steht. Seine festen Zähne beißen in eine Apfelsine, die er in der Linken hält, mit der er zugleich eine alte zerrissene Basttasche zum Zeitungsaustragen umklammert.

»Na – du – wat da unter den Zettel is, muß ick doch wissen!« meint der Blasse.

»Ih – Mensch – det weeßte doch all lange. Wat soll denn det sind? Blos 'ne –«

Und kreischend laufen die Jungen davon, sich geschickt

durch das Gewimmel drehend. Sie verstehen sich, ohne die entscheidenden Worte auszusprechen.

* * *

Abends. Das gedämpfte Licht ist einem grellen vielflammigen elektrischen Schein gewichen. Viele junge Geschäftsmädchen wandern jetzt hindurch. Auch junge Leute. Konfektionäre, Bureauangestellte, Lehrlinge. Meist auf dem Heimweg, eilig kommend, eilig verschwindend.

Nur jener junge Mensch mit der schäbigen Eleganz hat viel Zeit. Wie es scheint. Langsam trippelt er herein in die Passage. Und bleibt beflissen stehen vor den Geschäften, die Damenschmuck feilhalten. Zierliche Handschuhe – zartbunte Krawatten ... Ja – er trägt selbst solche Handschuhe – und auch solch einen süßen Schlips. Und sein Vorhemd ist gekräuselt, wie die Bluse eines jungen Mädchens. Und die schmalen Knöpfstiefel haben hohe Absätze ...

Da kommt ein großer graubärtiger Mann vom anderen Ende her. Seine grauen umschatteten Augen suchen, suchen genau so, wie die Augen der jüngeren Herren.

Aber seine Blicke gleiten leer über die geputzten Damen und über die vielen nett gekleideten jungen Mädchen hinweg. An der geraden, breitschulterigen Gestalt eines Unteroffiziers bleiben seine Augen hängen. Doch der Soldat merkt nichts davon. Er geht mit seiner jungen Frau fest aneinandergeschmiegt und sieht nur die blanken, glitzernden, flimmernden Schaufenster ...

Nun drängt sich der große Mann zwischen mehrere Goldschmiedelehrlinge, die vor einem Juwelenladen stehen. Die wundern sich, warum er sich so über sie beugt – und ärgern sich über das Schlenkern seiner Hände, mit denen er sie berührt. ...

Sie gehen beiseite.

Er sieht ihnen verlangend nach.

Da trifft sein Blick den jungen Menschen mit dem süß-rosa Schlips. Und ein schmachtendes lockendes Lächeln umspielt den weichlichen Mund des jungen Mannes.

Ein Augenblinkern des Älteren –

Beide stehen zusammen vor dem Juwelenladen und flüstern miteinander wie Braut und Bräutigam. …

* * *

Am Eingang, bei der Behrenstraße, steht ein verkommener Kerl, mit stieren Trinkeraugen und rotem Gesicht. Einen schmierigen Kasten vor der Brust, ruft er mit heiserer Stimme:

»Wachsstreichhölzer! Wachsstreichhölzer!«

Mehrere junge Leute treten an ihn heran. Während er ihnen die Schachtel hinhält, bietet er ihnen allerlei an:

»Vielleicht 'n Kamm jefällig – oder 'ne Bartbürste? – Oder 'n Taschenmesser? – – Nich – nee? … Na hier is aber wat Feines – 'n Taschenspiegel. Jroßartig! Echt Elfenbein!«

»Na – Sie haben wohl alles!« lachen die jungen Leute.

Er macht plötzlich geheimnisvolle Gebärden und winkt und zerrt sie abseits in die dunklere Straße.

Sie folgen halb widerwillig, halb neugierig.

An einer Laterne bleibt er stehen:

»Sehn Se – so müssen Se ruffhauchen uff den Spiegel – da – da kriegen Se aber wat zu sehen – – wat? He – det is doch wat for't Herze …«

Und er schmunzelt, als in den Augen der jungen Leute Lüsternheit aufsteigt und ihre Backen rotfleckig färbt. … Und zieht aus der Rocktasche ein Päckchen, das er, nachdem er vorsichtig die Straße hinauf und hinab geblickt, vor den jungen Männern entfaltet ...

Nach wenigen Minuten steht er wieder am Eingang der Passage und ruft mit heiserer Stimme:

»Wachsstreichhölzer! Wachstreichhölzer!«

* * *

Nachts zwischen zehn und elf – hinter den Schaufensterscheiben ist das Licht erstorben. – Einzelne Menschen schlendern langsam durch die Halle, in der grelle elektrische Kugeln hängen.

Einem überfein gekleideten Herrn, dessen Schnurrbart wie zwei Pinsel aus dem Gesicht herausragt, nähert sich ein junger Mensch, der bisher die Hände zum Schutz vor dem kalten Winde in den Taschen der dünnen, fadenscheinigen Jacke hatte. Er zieht ehrerbietig den Hut und geht einige Schritte neben dem Herrn, undeutliche Worte murmelnd:

»Kein Nachtlager – hungrig – kalt – –«

Der Herr geht weiter, ohne eine Miene zu verziehn.

Hinter ihm kommt ein Paar im flotten Schritt. Der stutzerhaft gekleidete junge Mann grinst und schlägt mit seinem dünnen Stock in der Luft den Takt zu dem Gassenhauer, den seine Begleiterin mit halblauter Stimme und leichtfertigem Lächeln singt:

»Pusselchen – Du Kleines!
Dusselchen – Du Feines!
– – – – – – – –
– – – – – – – –
Woll'n es mal probieren –«
– – – – – – – –

Auch sie beachten den Menschen nicht, der mit gezogenem Hute neben ihnen geht.

Sie wollen eben in die Tür der hell erleuchteten Bar, an deren Fensterscheiben viele kleine Schilder auserlesene Leckerbissen anpreisen, einschwenken – da verstummt das Mädchen und sagt seinem Begleiter ein leises Wort. Mit behandschuhter Rechten greift er in seine kleine Geldtasche und drückt dem jungen Mann etwas in die Hand.

Der murmelt und stottert – die beiden sind schon in der Tür.

Rasch geht er davon – ein blinkender Schutzmannshelm wird sichtbar!

* * *

Dichte Reihen sonntäglich geputzter Menschen schieben sich hinein in die Halle. Die Schaufenster sind alle geschlossen. Nur das Panoptikum zeigt seine Wachsfigurengruppe. Kahler und nüchterner sieht's jetzt hier aus. Aber nur die Wände mit den Jalousien.

Die Menschen, die jetzt dicht gedrängt nebeneinander hindurch schlürfen, langsam, spazierend, wie man eben Sonntags geht, sind um so fröhlicher, mit all dem Glanz und der Frische, die der arbeitsfreie, geschäftslose Tag ausstreut.

Fast nur junge Leute.

Kommis, Buchhalter – Studenten – Lehrlinge.

Und junge Mädchen. Mit bunten Hüten, Schleifen, Glacees, ganz nobel.

Besonders die ganz jungen, die kaum ihr Konfirmandenkleid ausgezogen haben, ja, die oft noch mit dem schwarzen Kleid der Einsegnung herumlaufen – zum ersten Mal in langen Röcken – und »auf Busen gearbeitet«, der noch nicht da ist …

Vier von den jungen Leuten halten sich dicht hinter einer Reihe dieser lieben Dinger mit den Schleifen in den Zöpfen. Halb spöttische, halb verliebte rüplige Rempeleien:

»Ach, Fräulein – mir stoßt einer von hinten!« meint ein Bursche, der ihr seinen Ellbogen in die Seite gerannt hat.

Sie sieht ihn von oben bis unten an. Er weicht lachend zurück – und schreitet dann gravitätisch hinterher mit seinen Kollegen, die alle keck die Hüte auf den Ohren haben, die Jackets nur unten zuknöpfen und oben die Rechte hineinschieben, die gespreizt grelle Handschuhe hält.

So geht's mehrmals auf und ab.

Die Mädchen schieben sich ein paarmal flink zwischen andere Reihen. Doch die Jungen finden sie immer wieder heraus und schieben sich hinter sie hinein.

Einige der Mädchen kichern geschmeichelt.

Nur eine, die so schöne Kämme im Haar und das dunkle Haar wie eine Dame frisiert hat – die macht ein angeekeltes Gesicht:

»Pah – so 'ne Lümmels!«

Und sieht nach älteren Herren.

»Ich weiß nicht – sonst ist's hier viel besser! ... Was die Bengels wollen?!«

»Laß se doch! Det macht ja jrade Feetz!« macht eine andere, die kindlicher aussieht.

»Ach – wirklich, wenn ich gewußt hätte – denn hätte ick Euch nich mitgenommen!« antwortet affektiert die mit den schönen Kämmen.

Und plötzlich löst sie ihren Arm aus dem ihrer Nachbarin und drängt hinüber zu einem alten Herrn – tritt mit ihm beiseite – und unterhandelt:

»Heute können wir ja mal nach de Winzerstube gehen ... Sonst komme ich nich mit zu Ihnen hinauf ...«

Heinrich Zille: »›Nu halt' mir ordentlich feste, un wenn mir eener kennt, denn seid ihr meine Töchter.‹«

»Na ja – na ja!« beruhigt der dicke Herr sie und fragt dann nach den Freundinnen.

Die stehen verlegen – lecker abseits, lassen sich heranwinken – und kichernd – plappernd ziehen alle ab –

Diese jungen, ganz jungen Dinger –

Dies junge Gemüse –

Mit dem alten Herrn –

Der ja weiß, daß er solche Nutten hier findet –

Die bunte Ecke

Ein dunkelster Winkel Berlins, die Gegend am Oranienburger Tor, hat die hellste Beleuchtung, das bunteste Treiben. Es ist, wie wenn sich das Laster am grellsten, schreiendsten drapieren müßte, wie wenn dunkles Treiben nicht immer Licht scheut, sondern es nur zu oft in größter Fülle braucht, es verschwendet, um so recht zur Geltung zu kommen.

Am Ende der Friedrichstraße: eine hohe Häuserreihe. Unten eine glänzende, glühende Glasscheibe, von der Ecke der Elsasserstraße bis zum vierten, fünften Haus, in alle einmündenden Straßen hinein, wie ein strahlender Stern. Hohe Glasfenster der Zigarrenläden mit leuchtenden Transparenten drüber, verhängte, lockende Lichtöffnungen der Cafés und Einblicke in glitzernde Spiegelräume der Restaurants.

Hell und grell wälzt sich aus dem Hohlweg der Elsasserstraße ein elektrischer Wagen der Ringbahn heran, eine ganze Reihe trüber Droschkenlaternen überstrahlend, die an der Bordschwelle der einen Straßenseite aufgesteckt sind. Und vor den Wagen, neben und hinter ihnen Knäuel und Reihen von Fußgängern: Studenten mit aufgeschlagenen Kragen, korpulente Geschäftsleute mit geöffnetem Mantel, eilig heimhastende Verkäuferinnen, den Kopf gesenkt vor zudringlichen Blicken, den kleinen Herrenhut mit kecker Feder nicht zu schief auf den lose gesteckten Haaren. Dazwischen ein verführerisches Leuchten – die Spitze eines bunten Unterrocks. Aufmunternde Blicke aus Augen, denen geschwärzte Wimpern helleren Glanz geben …

Hans Baluschek: »Morgengrauen«, 1930.

Ein Endchen weiter Schaufenster, von oben bis unten mit Plakaten in schreienden Farben überzogen. Die Transparente über den Eingängen werden schon ausgelöscht. Aber die Gaslaternen lassen doch noch die Sängerinnen in bunten Röckchen, die Photographien der Komiker und Exzentriks erkennen. Und drinnen ertönen eben die letzten Striche, Pfiffe und Schläge der Musik – der Vorhang rauscht zusammen vor den grell beleuchteten, gelb-rot-grünen Kulissen und dem letzten Auseinanderwirbeln zweier Wolken von weißen Spitzenunterröcken, eingehüllt in loses, mattseidenes Gehänge.

Noch ein Lächeln bepuderter Gesichter aus dem schmaler werdenden Spalt zwischen den Vorhängen – eine weiße Schulter beugt sich vor …

Heinrich Zille: »Nutte«.

Die Augen, die bisher an die kleine Bühne im Hintergrund des aus mehreren Zimmern gebildeten Lokals gebannt waren, genießen nun die Bilder an den Wänden. Aber da wird das Licht schon ausgedreht: Schluß! Schluß!

Die Pförtner stellen die Stühle auf die Tische – vorn am Schanktisch klappert, flirrt und klingelt es – die dunkelgekleideten Kellnerinnen leeren ihre Leder-Geldtaschen und zählen Silber und Nickel in Reihen auf Bretter. Der Geschäftsführer geht durch die hartnäckig stehenbleibenden Gruppen, die sich um die Kellnerinnen sammeln. Sein schwarzer Gehrock, seine bierige, würdevolle Stimme wird kaum beachtet. Ein blasser junger Mann legt seinen Arm um die Schultern einer Kellnerin …

Und vor den Likörflaschen steht einer mit zurückgeschobenem Hut, lächelnden Augen und leise schwankendem Oberkörper, und versteht nicht, warum man ihm kein Gläschen mehr einschenken will. –

Da huschen sie in Abendmänteln und Spitzentüchern und dünnen Jacketts hastig vorbei und hinaus – die kleinen Augen der Gäste blicken bedauernd und mit lächelnder Entsagung auf die dunkelrote, zitternde Portiere, hinter der sie verschwanden – bepuderte Gesichter – weiße Schultern. Und draußen umflüstert es jeden:

»Na, Schatz?«

Und selbst in der toten Novalisstraße lockt es zärtlich. Hier sind andere Farben lebendig. Vor verhängten Kneipenfenstern baumeln rote und blaue Kugeln, gegenüber einer schwarzgrünen, hohen, kahlen Fabrikmauer. Hier und da ist der Putz von ihr abgefallen. Wie wenn er die Schande der Gegend symbolisieren wollte. Widerwärtig sieht diese graue, kahle Hinterwand aus – wie wenn sie den Aussatz hätte – und voll ekelhafter Narben daständе –, das Symbol des Viertels, durch dessen sämtliche Straßen es flüstert:

»Na – Schatz? ...«

Hinten, vor dem Ausgang der Straße, weitet sich die Halle des Stettiner Bahnhofs über elektrischen Kugeln. Von da aus geht es vorbei an den letzten Häusern – Wald, Felder, Hügel, Niederungen, Wald und Busch – die See! – frische, klare, salzige Luft – –

Aber hier riecht es nur nach verdorbenem, süßlichem Parfüm. Und endlos ist die Kette der Mädchen, die ringsherum laufen um das Biereck – oder einen Abstecher machen in die Nebenstraßen – wo überall diese bunten Laternen vor verhängten Kneipenfenstern leuchten und locken. Wenigstens alle zehn Schritte streift so ein geschminktes Gesicht vorbei, lächelnd, geschäftig, zärtlich flüsternd:

»Na, Schatz?«

Und es ist, als würden in die sonderbare Kette dieser weiblichen Wesen immer neue Glieder hineingezerrt, als zöge eine Maschine mit Fangarmen wie auf unsichtbaren Treibriemen immer mehr geputzte Mädchen heraus aus dem Dunkel der Novalisstraße – hinein in das gelbe, vielfarbige Licht der Elsasserstraße, der Friedrich- und Chausseestraße ...

Abend im Scheunenviertel

Vom Alexanderplatz die Prenzlauerstraße hinunter, nur ein paar Minuten. Und gleich links die erste Querstraße hinein, die Hirtenstraße. Ein Doppelposten von Schutzleuten? ... Die Straße ist ja schmal und grau und alt, wie in einem Nest draußen in der Provinz. Und die Nebenstraßen – die Weydinger-, die Koblank-, die Füsilierstraße, dann die Schendel-Gasse und die andern Straßen, ja fast alle Nebenzweige der Linienstraße in ihrem ganzen Lauf – sie alle sind grau und düster, und man sieht nicht, wo sie enden. Aber – soviel Menschen eilen hinein und tauchen unter in das Dunkel. Und soviel Menschen tauchen heraus aus diesem ghettoartigen Treiben. Hier ist also doch keine Kleinstadt. Und hier wird man ja auch noch am Leben bleiben, wie diese Tausende ...

Grau ist es hier. Und doch leuchten überall bunte Flecken: glutrote, marineblaue, grasgrüne, mattblaue, rosarote Laternen erhellen freundliche Inschriften:

»Wein und echte Biere, Bedienung von jungen Damen, zweiter Eingang vom Flur.«

Jedes vierte, fünfte Haus hat sich mit solcher farbigen Kugel geschmückt. Dann wieder ein weißes Transparent: »Fremdenlogis« oder »Restaurant«, und irgendwo schießen im Hintergrund grelle Elektrische vorüber – aus einem Hausflur leuchtet unter Gasflammen rotes Fleisch eines Schlächterstandes; und dennoch ist der Zusammenklang der Farben ein stumpfes Staubgrau.

Heinrich Zille: »Gute Nacht, Direktorchen! Nicht vergessen, die Rolle, das Edelfräulein, spiel ich!«

Abends, nach sieben, ist es am lebendigsten. Die schmalen Bürgersteige fassen nicht die Menschen. Von allen Seiten, besonders vom Alexanderplatz her, strömen Fußgänger hindurch. Arbeiterinnen und Arbeiter: der junge, schlappe Kerl mit dem hängenden Kopf, den Händen in den Hosentaschen und dem blassen Gesicht schlendert stumpfsinnig auf der Bordschwelle; hastiger laufen schäbige oder robuste Männer und Burschen, die in den Schlächter- und Bäcker-Herbergen verschwinden. Überall jagen Kinder scharenweise herum.

In einem Winkel wird die Straße zur Radfahrlehrbahn. Halbwüchsige üben auf alten Karren, sich abgebrochene, bissige Worte zurufend: »Mensch – Du hängst ja druff wie 'n Sticke nasse Wäsche!« …

An einer Straßenecke überrennt man fast ein verkrüppeltes,

Eine Straße in Alt-Berlin. Fotografie von Heinrich Zille.

kindergroßes Geschöpf, dessen dichte schwarze Haare wüst um ein ältliches Gesicht flattern, und das in dürftigen Kleidern mit seltsam zuckendem Gang und klugen Augen weiterhumpelt.

Dann torkelt einem ein Trunkener in die Arme. Mit lallenden, ärgerlichen Worten schiebt er in die nächste Destille hinein. Einen Auflauf gibt es nicht. Die Kinder haben ihn kaum beachtet, sie sind das hier gewöhnt. Nur ein fünfzehnjähriger, blasser Junge bleibt stehen und sieht ihm traurig, nachdenkend nach …

Und eine alte Frau, deren Gesicht so aussieht, wie ihr graues, verwaschenes Umschlagetuch, in das sie sich hineingewickelt hat, regt sich auf. Sie unterbricht ihren Weg auf dem Fahrdamm:

»Wat – der jeht da noch rin? So 'n Kerl muß nach Hause! Un den behalten se da drin? Den jeben se noch wat!?«

Niemand beachtet sie; brummelnd zieht sie weiter.

An der Ecke der Füsilierstraße stehen zerlumpte alte Weiber mit gedunsenen Gesichtern. Sehnsüchtig, halb zornig blicken sie in die schmale Straße nach dem Asyl hinüber. Und eine trumpft auf:

»Ick komme ihr (der Verwalterin) zu ofte? Ick brauche se nich! Ick habe 'ne eigene Wohnung. Jawoll, ick bin jemeld't!«

Immer halb zur Nachbarin, halb nach dem Asyl hinüber:

»Aber – wozu soll ick denn den weiten Weg machen?«

Doch die andere glaubt ihr nicht, daß sie eine eigene Wohnung hat; sie sieht sie zweifelnd an – und beide blicken dann verlangend nach dem Hause mit den hellerleuchteten Schlafsälen ...

Andere Obdachlose schleichen vorbei. Frauen in jedem Alter. Manche haben auch ihre Kinder bei sich. Fast ohne Ausnahme könnten sie das Modell zu einer Symbolisierung des Elends abgeben. Gebrochene, vom Leben mürbe geriebene Gestalten. Die Kleidung aus zusammengeflicktem Zeug. Fast stets ohne Kopfbedeckung, trotz des Regens. An dem ausgetretenen, schiefen, brüchigen Schuhwerk würden die Künste des tüchtigsten Schuhmachers scheitern. Ja, die ganze Kleidung sieht aus, als wäre sie in einem der Lumpen- und Produkten-Geschäfte der Gegend erstanden.

Da kommen jene mit dreistem Blick, die gänzlich resigniert sind, die nur einen Ruheort haben wollen, die nicht mehr kämpfen, um wieder hochzukommen aus dem Strudel, der sie mit festen Fäusten niederzieht. Heimlicher schleichen jene in das Asyl, die noch nicht sehen lassen wollen, daß sie an dem Hause klingeln, neben dessen Tür eine große viereckige Laterne: »Frauen-Asyl« leuchtet.

Und manch junges Mädchen eilt herbei, das in der Riesenstadt allein steht, fremd ist und das von der Not noch nicht auf die glatte, glänzende Bahn des Lasters geschoben worden ist.

Frauen, denen an der Wiege und auf dem Hochzeitsfest nur Lieder und Wünsche des Glücks gesungen wurden, kommen jetzt gebrochen, an den Hauswänden entlang schlürfend, mit scheuem Blick. Hastig ziehen sie an dem Eisengriff der Klingel, wie die Neulinge. An irgend einem zerrissenen, ehemals glänzenden Tuch oder andern winzigen Überresten besserer Tage ist ihre Vergangenheit zu erkennen.

Viele schlüpfen in das Haus.

Viele bleiben drin.

Aber manche kommen doch bald wieder niedergeschlagen heraus: Öfter als fünf Mal im Monat darf niemand kommen ...

Verzweiflung und Erschrockenheit zerreißt die verhärmten Züge.

Wohin nun? – Wohin – – –

Diese alten Häuser! Einstöckig und zweistöckig. Mitten in Berlin. Niedrige Fenster. Verwitterte Fassaden. Einzelne getüncht, wie in der Kleinstadt, blau oder rötlich. Und Mansardenwohnungen. Und Treppen, die direkt auf die Straße münden, schmale, verkrüppelte Stiegen. Die Hausflure kaum so hoch wie ein Mensch und noch mit ausgetretenen Bohlen belegt und mit altmodischen Falltüren ... Ganz geheimnisvoll. Die Gegend, wo die jungen Leute verschleppt werden:

»Kommste mit?«

»Wat willste denn?«

»Na – zwee Mark.«

»Is jut! ...«

Das Mädchen immer vier – fünf Schritt voraus.

Hinein in die Wadzeckstraße. Acht Stufen in einen Keller hinab. Schwere, wollene Vorhänge dämpfen das Geräusch und lassen keinen Lichtstrahl durch nach außen.

Innen verlangt das Mädchen plötzlich vier – sechs Mark.

Heinrich Zille:
Aus dem ältesten Berlin.

»Nee – zwee –!«

Und der Angetrunkene bleibt halsstarrig, trotzdem das Mädchen zärtlich – zudringlich fordert – fast droht. Als ihr alles nichts nutzt, wird sie erbost, schreit:

»Na – denn nich!«

Und aus dem Nebenzimmer kommen ein paar Kerle – und nach einem wüsten Tumult fliegt der Ausgebeutelte und Zerschundene die Treppe hinauf – ernüchtert, beschämt. Still schleicht er davon, froh, mit einigen Beulen, Vergissmeinnicht (blauen Augen) und Schrammen davongekommen zu sein.

Hier ist auch das interessante Quartier, wo eine alte, ehemalige Straßendirne und Kuppelmutter ein hübsches, junges Mädchen unterhielt – das junge, brotlose Wanderarme an sich locken

Heinrich Zille: Hofwinkel aus Alt-Berlin.

mußte. In dem molligen Nest wurden sie zu Dieben ausgebildet – und fanden für die reichliche Beute daheim Obdach, Essen und – Liebe …

Eine ganz neue Farbe hat das Viertel in den letzten Jahren erhalten: Ghettotöne.

In allen Haustoren stehen jüdische Leute. Alte, schlampige Weiber. Männer mit hageren, bärtigen Gesichtern – oder dicke, rasierte Köpfe. Und vor einem Kellereingang vier – fünf junge Dinger in hellen Blusen. Kichern, Lachen, Locken. Hier und da auch der junge jüdische Mann in neuestem englischem Stoffanzug, greller Krawatte und steifem Hut.

Aber fast allen haftet so ein Hauch an aus Galizien – Polen – Rußland. Und viele sind auch im Äußern noch so ein bischen von jenseits der Grenze. Peißchen, Stulpstiefel – auch der Kaftan ist hier zu sehen.

Am meisten prägt sich das alles in den koscheren Destillen aus. Jüdische Stehbierhallen, Fremdenlogis. Parterrelokale. Mehrere Stufen hinauf. Alles so, wie in gewöhnlichen Destillen. Der Schanktisch mit dem blanken Bierapparat. Die Regale mit den blinkenden Schnapsflaschen, Zigarrenkisten, Brotkörben, Wurstenden. Nur – die Menschen so ganz anders. Aufgeregtes Wesen. Dunkle Augen. Und ein Gerabbel kommt aus den wulstigen Lippen, die rot in bleichen Gesichtern glühen ...

»Willste mer nich glooben, laßte es bleiben!«

Und zornig steht ein Mann auf, der von Amerika erzählt hat, wo er selbst gewesen sein will.

Die Andern lachen. Sie wissen, daß er drüben war. Aber es macht ihnen Spaß, ihn einen Lügner zu nennen. Und er weiß, daß ihnen das Spaß macht – läßt sich aber immer wieder aufregen – dieser Mensch mit dem weichhaarigen, lockigen Bart, der babylonisch geschnitten ist.

Im Zorn will er dem Wirt Geld in die Hand geben.

Aber der schimpft:

»Weißte nich – heute is Schabbes?! ... Leg nur hin! ... Ich nimm doch heut kein Geld!«

Und murrend geht der Wirt, der immer mit dem Hut auf dem Kopf herum läuft, hinter den Schanktisch. Nach einem Weilchen kommt das Dienstmädchen aus der Küche und streicht das Geld ein. Der Wirt verfolgt sie mit Luchsaugen, rechnet alles zusammen – wehe, wenn sie ihm morgen nicht auf den Heller abliefert ...

In einer andern Destille steht im zweiten Raum ein Billard. Es ist eng umdrängt von lauter jungen Burschen. Dem einen sieht man an, daß er erst vor kurzem aus Rußland gekommen. Er trägt die flache Deckelmütze und die Hosen in den Stulpstiefeln.

Ein kleines, schmächtiges Kerlchen spielt mit einem größeren Menschen. Der stößt sicher seine Bälle.

Der Kleine ist aufgeregt. Seine Augenlider röten sich, seine Stirn wird blaß und feucht. Die Lippen zucken. Und er streitet:

»Es war Ball – Bande – Ball!«

»Nein, Ball – Ball!«

»Ball – Bande – Ball!«

»Ball – Bande – Ball!« schreien schrill andere.

Aber der Große will nicht aufhören. Da drängen sie ihn fast beiseite.

Ein junger Mann kommt hinzu; nicht älter als die andern. Aber er sieht so greisenhaft aus mit dem breiten, knochigen Gesicht, der Brille vor den entzündeten Augen und der Watte in den eiternden Ohren. Sein dürres Gesicht ist in Falten gelegt. Der dünnlippige Mund verzerrt sich zu einem fortwährenden halb spöttischen, halb nachsichtigen Lächeln.

Er übersieht die Gruppe – und spricht kühl:

»Wie kannste mit so einem kleinen Jungen spielen!«

Da gerät der Große in zappelnde Bewegung. Und ereifert sich, spielt unruhig und hastig, stößt daneben.

Alle lachen ihn aus.

Er wendet sich um:

»Nu – was lacht 'r?! Brr – Brr –Brr!« ruft er nach und fuchtelt mit den Armen herum.

Inzwischen stößt der Kleine drauf los – und schreit, jäh emporspringend:

»Ich hab's, ich hab's!«

Der Große zweifelt.

Aber der Kleine drängt um sein Glas Bier.

Und so sehr sich auch der Große sträubt – die Andern zwingen ihn, dem Kleinen das Bier zu kaufen.

Die junge Wirtstochter bringt es – ein zehnjähriges Mädel in kurzen Röcken, die sich kokett und mit lächelnden Augen und glühenden Backen in dem Schwarm der jungen Leute herumdrückt und sich zwicken, kitzeln und drängen läßt …

Plötzlich aus dem Hinterraum:

»Sie frecher Kerl! Wollen Sie mich loslassen! – So eine Gemeinheit! Was sich so'n Lümmel einbildet! … Los sag ich, los!«

Ein großer schlanker Mensch kommt verlegen heraus, frech lächelnd:

»So 'ne Schabbesschickse! Was die will!«

Die Andern lachen und sehen durch die Portiere nach dem Hinterzimmer.

Da sind mehrere Tische festlich gedeckt. Mit weißen Tüchern. Halb abgebrannte Kerzen stehen da in seltsam geformten Leuchtern. Gebetbücher liegen herum – und in dem hellen Küchentürrahmen steht das erboste Dienstmädchen, eine Nichtjüdin, die am Schabbes hier aushilft bei den strenggläubigen Juden.

Sie ist wütend und droht und schimpft.

Der junge Mann setzt sich und spricht lächelnd, halb verlegen, halb wegwerfend von seinem mißglückten Abenteuer:

»Se saß da – und ließ mer schmusen – und schmusen – Na – un denn – mit'n Mal wird se wild wie 'ne verrückte Fliege … Springt se herum! – So 'ne Schabbesschickse!«

Die Wirtin tut, als höre und sehe sie von alledem nichts.

Ganz gleichgültig bedient sie die jungen Leute und die Alten, die in dem Schankraum um einen runden Tisch sitzen, mit den Fingern Brocken von trockenen Semmeln pflücken und sie sich in den Mund stopfen.

Nur ihre Tochter, das zehnjährige Ding, lacht, lacht, daß es bis auf die Straße hinausschallt, bis hinab in den Produktenkeller, der unter dem Lokal liegt und durch den Fußboden einen süßlich-brenzlichen Geruch schickt.

Im Produktenkeller: Eine Petroleumfunzel beleuchtet ein Gewirr von Säcken, Packen, alten zerrissenen Matratzen, Feldbettstellen und Bettstücken. Auf dem Fußboden ein schmutziger Schemel und um ihn herum gestreut schmierige Lumpen und Stofffetzen in allen Farben. Von der Decke herab aber hängen zahllose Lappen und Tuchreste, die dort zum Trocknen aufgehängt sind. Im Hintergrund steht die Tür auf nach dem Wohnzimmer, in dem die Familie und ihr Besuch beim Abendbrot sitzen und herumhocken – in diesem Gestank, der aus dem Keller strömt, und der die ganze Gegend zu durchdringen scheint.

So gegen neun Uhr wird's ein wenig stiller. Aber nur ein wenig. Die Mädchen, die schon seit sechs mit herausfordernden Blicken an den Häusern entlang streifen – ohne Hut, mit greller Seidenbluse und blauer Küchenschürze – werden immer zudringlicher. Aus den Kneipen kommt ein lautes Durcheinander von Stimmen.

Liebespaare – er ganz jung, ohne Plättwäsche, sie mit Glacees – wandeln vorüber, die Arme um die Hüften geschlungen. An den Ecken stehen Gruppen junger Leute, die einen alten naiven, barhäuptigen Mann hänseln:

»Jewinnen dhust de bloß bei't Kartenspiel, wenn De mit de linke Hand jibst!«

»Na ja – irgendwas muß ja dabei sein!« antwortet er gläubig.

Andere erklären einem Neuling, wie man die Karten abheben müsse, um einen dritten, Fremden hineinlegen zu können. Alles Bengels mit zähen, bartlosen Gesichtern, tiefliegenden Augen, frech verzogenem Mund und über die Stirn gedrückten Mützen und Hüten.

An einem grauen Hause große Reklameschilder:

»Zum Kaiser der Sahara«.

Die alte Stiege ist durch eine Eisentreppe ersetzt. An den ungestrichenen Wänden riesengroß empor zum ersten Stock:

»Restaurant.« Und neben dem Eingang eine Tür mit der Aufschrift: »Zum Rechtsbureau.« Im Lokal natürlich Damenbedienung und ein »elektrisches Piano«. Und fragt man, was das für ein Rechtsbureau ist, so antwortet die freundliche Kellnerin: »Das gehört doch unserem Wirt! Ja, das ist überhaupt ein schlauer Kopf! Wenn Du Dir mit dem unterhältst, – da kann ich Dir sagen, von dem kannste wat lernen. ... Überhaupt – wenn De wat wissen willst – so 'ne gelegentliche Frage – davor nimmt er nischt. ...

In diesen Straßen wird es nicht stiller, wenn auch um elf Uhr viele Kneipen schließen müssen. Da kommt gerade so ein Trupp stämmiger Kerle aus einem Lokal. Elegant gekleidet – und doch sieht man an den grauen Linien um den Mund, daß es Zuhälter sind. Sie verhöhnen brutal ein altes Weib, das in der Mitte des Fahrdammes, den Oberkörper nach links gebogen, vorüber schlürft. Sie geht nur in schlampigem Rock und zerrissener Taille. Die Haarsträhnen und Zopfenden bammeln ihr wirr um das gelbe Gesicht, aus dem trunkene Augen flackern. Sie schreit den Zuhältern zu:

»Ich will von Euch nichts mehr wissen! Fünfzig Jahre bin ich, fünfzig! Laßt mich! Laßt mich! ...«

Schimpfend geht sie weiter.

Drei thüringische Harfenistinnen hasten die Straße entlang, in ein Lokal hinein. Das Geklimper der Harfen und Singen der Geigen schallt heraus. Volksmelodie – Berge – Hügel, Sonne, reine Luft ... Und:

»– – – Sei gepriesen, du lauschige Nacht!«

Heinrich Zille: »›Leene stell Dir nich so uffällig hin. Sonst denken de Leute noch, Du bist ooch zu verkoofen!‹ ›Na Mutter – ich bin doch noch zu haben –.‹«

Ein Mädchen, das mit Polkaschritten vorbeitänzelt, fragt etwas mit polnischen Lauten.

Ein wohlgekleideter Geschäftsmann begleitet zwei verwandte, reich geputzte Damen zur Haltestelle. Hinten laufen immer noch die Mädchen ohne Hut an den Mauern entlang. Ein ganz altes verkommenes Wesen ruft aus einer Seitengasse:

»Komm mit!«

Langsam taucht sie unter in die dunklen Gassen.

»Komm mit! – – Komm mit! –«

Die Alte, die von den Zuhältern verhöhnt worden war, kommt aus einem Keller heraus. Sie ist immer noch erbost und schimpft in ihrer Trunkenheit die geschlossenen Jalousien an.

Der Doppelposten redet ihr zu. Sie kreischt auf ihn ein. Da führt der eine sie ab.

Alle, an denen sie vorüberkommen, lachen und rufen ihr vergnügte Worte zu. Und schleichen weiter durch die engen Gassen, die mit diesem Lumpenkellergestank erfüllt sind und in denen man nicht sieht, wo sie enden. …

Abfälle

Hastig schleicht die Alte vorwärts. Um die Ecke biegen schon einige Wagen in die Straße. Die Hufe der Pferde klatschen in den schmelzenden Schnee, der von heftigen Windstößen niedergetrieben wird. Sie zittert und beugt das Gesicht vor dem Schneewind. Rasch vorwärts, rasch vorwärts!

An der Ecke sieht sie einen Augenblick auf. Die ganze Straße ist mit Wagen gefüllt. Um die elektrischen Kugeln an dem gegenüberliegenden Gebäude, das nur aus großen Fenstern besteht, tanzen Schneeflocken wie Mückenschwärme.

Sie geht langsamer. Es ist noch nicht zu spät. Aus den großen Toren kommen fortwährend Männer mit Apfelsinenkisten, Fleischmollen und Kohlkörben. Das wird alles auf die Wagen verpackt. Da stehen sie bunt durcheinander: große, umgitterte Obstwagen, flache Schlächterwagen mit frischen Rindervierteln, von denen noch das Blut tropft, und Handwagen in allen Größen, vierräderig und zweiräderig. Unaufhörlich flutet der Strom der Händler und Träger aus und ein. Zwischen den Männern in wollenen Jacken kräftige Frauen mit dem rücksichtslosen Ausdrucke der Händlerinnen. Rufend drängen sie durcheinander.

Jetzt ist der Höhepunkt des Lebens in der Zentralmarkthalle. Wenn die Dämmerung noch mit der Nacht ringt und sie Schritt für Schritt zurückdrängt, arbeiten hier die Händler mit erhöhter

Spannkraft, um zur rechten Zeit dem Riesenleib Berlin die Nahrung vorsetzen zu können.

Die Alte geht langsam durch das Treiben. Ihre Erscheinung fällt nicht auf, trotzdem das elektrische Licht die ganze Ärmlichkeit ihrer Kleidung enthüllt. Über einem zerschlissenen Rock trägt sie als Schürze ein Stück graue Sackleinwand, das sie mit einem Bindfaden um den dürren, schlotternden Leib gebunden hat. Eine schmierige Jacke hüllt den Oberkörper ein, während ihr Gesicht mit den gebrochenen Linien und verglimmenden Augen des Alters von einem löcherigen Kopftuche umgeben wird. – Mit gekrümmtem Rücken schleicht sie an der Mauer der Markthalle hin. Sie sucht bei jedem Tritt eine Stelle, wo ihr Fuß, der in brüchigen Schuhen steckt, nicht zu sehr in die kalte, durchdringende Nässe des geschmolzenen Schnees tritt. Hier an der Mauer ist sie ja auch vor den Schneeschauern geschützt, die immer noch die Straße entlang jagen und die Pferde und Wagen weiß bewerfen.

Am Tor bleibt sie stehen; sie läßt die Menschen vorüberhasten. Ach ist das schön! Vor drei Jahren ging sie auch noch mit dem Strom heraus und herein – die schwarze Geldtasche umgehängt. Aber der Mann hat alles durchgebracht – hat alles durchgebracht – der Mann! – –

Sie dreht sich um und wischt sich mit der Schürze das nasse, triefende Gesicht. Ja – die Männer – die verstehen nicht so schlau zu handeln wie die Frauen. Und dann trinken sie – die verfluchte Kneipe da drüben. Sie ist schon wieder erleuchtet, und eine ganze Menge Männer sitzt hinter den schwitzenden Scheiben. Auch Frauen gehen hinein. Ach, die trinken jetzt erst, nachdem sie ihr Geschäft besorgt haben, ihren Morgenkaffee. –

Wie schön das riecht! Sie lugt hinein in die hellerleuchtete Halle. Doch es ist nichts von draußen zu erkennen. Nur an dem

Geruch, der herausquillt, merkt sie, daß heute viele Bücklinge verhandelt werden. Der Bücklingsgeruch unterdrückt den Kohl-, Apfelsinen- und Fischdunst fast gänzlich. Bücklinge – in Bücklingen hat sie das meiste Geld verloren – durch ihren Mann. Des Morgens ist der Geruch am schönsten. Da ist noch alles frisch. Und sie ist jeden Morgen da, um diesen Geruch einzusaugen. Das ist ihr so notwendig, wie andern das Rauchen und Essen.

Und wenn die Wagen nach und nach fortfahren, wenn die Straße wieder leerer wird, geht sie umher und sucht das auf, was bei dem Aufpacken verloren gegangen ist. Hier liegt ein angestoßener Apfel, dort mehrere frische Kohlblätter und drüben sogar ein grüner Hering. Alles packt sie in eine Kiepe, die sie unter dem Arm trägt. – So streift sie um die Markthalle herum, die Abfälle auflesend, Tag für Tag, Morgen für Morgen. – –

* * *

»Nu man nich zu dichte, nich zu dichte ran!«

»Nee doch – heite brauchen wir uns nich an'nander zu wärm'n!«

»Na, nu kommt 't uff die paar Jrad och nich an. Wo schon dreißig im Schatten sind!«

Fast der ganze Haufen lacht, der da dichtgedrängt vor der Seitentür des Krankenhauses steht. Gegen die gelbe Verblendsteinmauer prallt die grelle Sonnenglut. Vom Asphaltpflaster steigt eine dunstige Hitze auf und mischt sich mit dem Geruch, der aus dem Menschenhaufen aufsteigt. Dieser Geruch alter Kleider, dumpfiger Keller und stickiger Küchen, den arme Leute mit sich herumschleppen. Menschen aller Altersklassen drängen sich da zusammen vor der Tür. Kinder von sechs Jahren, die ihre kleinsten Geschwister an der einen Hand halten und mit der andern krampfhaft einen großen alten Kücheneimer umklammern. Jungen und Mädchen ohne Schuhe, in zerfetzten Hosen und Kleidern. Viele mit dem verhungerten Gesicht und dem kecken lauernden, listigen Blick der großstädtischen Armeleutskinder.

Der Eine, ohne Jacke, hager, sehnig, mit verschrammtem Schlägergesicht, weiß sich mit seinen schmalen Schultern geschickt vorzudrängen. Die alten, verschrumpelten, gebrechlichen Frauen machen ihm still Platz. Nur eine murrt. Zäh, dürr, vertrocknet, steht sie da wie ein kahler Baum. Sie überragt alle. Ihre grauen Haarsträhnen hängen um eingefallene Backen. Ein grellgrünes seidenes Band um den sehnigen Hals scheint auf bessere, flotte Tage zu deuten, die nun in Elend, Kattun und Lumpen endeten. …

Mit gekrümmten, zittrigen Fingern greift sie nach dem Jungen. Und ihre rote Zunge müht sich, aus dem zahnlosen Mund Worte hervorzubringen, Scheltworte.

Aber nur rauhe, blabbernde Hauchtöne kommen hervor.

Doch die machen einige vorn an der Tür stehende Männer aufmerksam. Ein kleiner Weißbart dreht sich um. Seine triefigen Augen durchschauen den Vorgang – und mit seinen greisen Händen faßt er den Jungen in die blonden Haare und zerrt ihn Schritt für Schritt heraus aus der Menge. Die andern Greise geben ihm Recht. Nur einige Frauen entrüsten sich:

»Nee – doch – der Kleene – wie kann man so jrob sind!«

Der Junge quietscht laut, als er das hört.

Das bringt eine Alte auf. Mit hochrotem Gesicht packt sie den Mann am Arm. Aber – da klappt das Schloß in der Tür – alles drängt hinein in den Gang, der nach der Küche führt. Alles hält die Gefäße hin: Emaileimer ohne Henkel, irdene Töpfe, denen der Schnabel abgeschlagen worden ist, Weißbiergläser, Schüsseln – und Konservenbüchsen. …

Der dreiste Junge kommt als einer der Letzten hinein – und muß mit leerem Eimer abziehn – die Überbleibsel reichten nicht weiter.

Mit flinken Beinen schnellt er über den Fahrdamm, den Eimer schlenkernd; seine kleine Schwester bleibt heulend zurück. Aber er jagt, um den andern zuvorzukommen. Und so ist er einer der Ersten, der um die Ecke biegt und zur Kaserne hinüberspringt.

Auch dort steht ein dichtgedrängter Haufen vor dem Tor. Auch wieder zittrige Greise, gebrechliche Frauen, schwächliche Kinder. Aber hier kommen alle befriedigt heraus mit vollen Gefäßen.

Das kleine Mädchen kannte schon den Weg zur Kaserne. Der Junge ist herausgekommen, hockt sich auf die Bordschwelle, setzt den großen Eimer an und trinkt die Erbensuppe glühend heiß hinein in den knurrenden Bauch. Da kommt schon seine Schwester, noch Tränen in den Augen und auf den schmierigen Backen – und reißt ihm gierig den Eimer fort. –

* * *

In einer Straße, die nach dem Westen führt. Nachmittags vor vier Uhr. In der Mitte der Häuserreihe, vor einem großen Schlächterladen hat sich eine Schar angesammelt, die hier, in dieser vornehmen Straße, sonderbar genug aussieht: alte und junge Arbeiterfrauen und Kinder. Alle mit Marktkörben oder Einholtaschen. Die Kinder sind in alte Kleidungsstücke eingemummelt – und haben doch blasse Gesichter von der Kälte, die das Pflaster bleich und blank gemacht hat. Mancher Rock der Frauen ist geflickt, aber sauber und ordentlich.

Eine kleine, zusammengeschrumpfte alte Person geht vorbei,

sich in einen dünnen schäbigen Sommerumhang hüllend. Ihr rotes Gesicht starrt neugierig auf die Menge:

»Was ist denn hier? Was?«

»Knochenfleisch jiebt's hier! Wat weiter? – Det müssen Se doch sehn. Wir stehn doch hier bei Staatz'n!«

Der kleinen Person läuft das Wasser im Mund zusammen. Und sie läßt sich erzählen, daß dies Fleisch für eine große Delikatesse gilt – wenn es auch zu vier Fünfteln aus Knochen besteht. Bei dem kleinen Schlächter erhalte man es nicht, da würden doch keine großen Braten gekauft. Das Knochenfleisch, das auch Stückenfleisch genannt wird, gibt es nur in den großen Schlächtereien der westlicheren Stadt. Es sind eigentlich nur Knochen, die aus großen Braten und aus dem Wurstfleisch getrennt werden. Es wird auch nicht zu jeder dem Kunden beliebigen Zeit verkauft. Nein, die Knochenfleisch-Käufer müssen sich zu der Stunde einfinden, die der Schlächtermeister festsetzt.

»Wir passen doch nich mang die andere Kundschaft!« meinte eine der Frauen, die mit knochigem Gesicht robust dastand und andere erzählen ließ.

»Na, wenn das nur Knochen sind, denn verschenkt der Meister das doch – so ein reicher Mann!« meinte die kleine Person mit einem Blick auf die hohen, mit grünen Blattpflanzen ausgeschmückten Schaufenster, aus denen der helle Marmor des Gewölbes herausblinkte.

»Hat sich wat! Fünfunddreißig Fennje for't Fund! Immer blank uff'n Disch! Oder Se könn'n sich die eigenen Knochen schmoren lassen. Jawoll – un wo anders kost't schon vierzig un fufzig Fennje!« antwortete die robuste Frau.

»Un wenn Se stundenlang jewart't haben – schließlich sind blos 'n paar Fund da – und Se könn'n wieder losjehn!« meint eine andere.

Und eine dritte, eine aufgeschwemmte Frau, die sich an die Hauswand lehnte und mit den Händen ein großes Tuch um die Schultern hielt, sagte wehmütig:

»Ja – wie ofte schon! – Und wenn man nich frieher kommt – denn is't schon vorbei. Un denn hat man for umsonst im Dreck un in de Kälte jestand'n. ... Det is't eijentlich jarnich wert, so lange bei Hester'n oder bei Mackeldey oder bei Staatz'n zu warten.«

»Na – sagen Se det nich – de schöne sähmige Sauce – die is't schon alleene wert, det man 'ne Stunde herlooft un hier wartet,« sagte eine Frau mit schmatzender Zunge.

»Na – un bei eenen Schlächter – da jieb't ja uff jedet Fund 'n Schweineschwanz!« piepste ein Mädchen von zwölf Jahren dazwischen.

»Wat – ein' Schweineschwanz?!« machte die kleine Alte erstaunt.

Mehrere wollten ihr erregt antworten. Da wurde mit Gepolter die eiserne Rolljalousie vorm Ladeneingang hochgezogen. Alles drängte drauf los. Die Vordersten quietschten und schrien.

Ein Schlächtergeselle trat heraus:

»Heut jiebt's keen Knochenfleisch!«

Die Meisten zogen betrübt und bestürzt ab. Nur die robuste Frau schimpfte und zankte:

»Det hätten Se schon längst sagen können! Unsere Zeit is ooch keen Katzendreck!«

Dann ging sie den Andern nach – an den Häuserwänden entlang aus dem eleganten Viertel schlürfend. ...

In der Kaschemme

Gerade gegenüber einer Kirche liegt sie. In einer Arbeiterstraße, die abends ein wenig dunkel ist und sich von einer der Heerstraßen der Prostitution abzweigt. Von außen sieht das Lokal nicht anders aus, wie eine bessere Destille. Nur, daß die Scheiben so dicht verhängt sind – und daß die Tür stets geschlossen ist – das gibt dem Lokal seinen Stich. Und so wird sich mancher wundern, wie dies Lokal gerade hierher kommt. Aber – hier ist es am stillsten – am wenigsten auffällig. Hier ist kein beobachtendes Gegenüber, hier, wo der Ausblick auf die nüchterne Ziegelfassade der Kirche geht, die sich ganz und gar in die charakteristischen Berliner Hauskästen einreiht.

Drinnen, im großen dunstigen Schankraum saßen zwanzig – dreißig Frauen und Männer, paarweise oder in Gruppen. Hinten am Stammtisch stand ein junger, strammer Kerl mit seiner »Braut«, einem dunkeläugigen, herausfordernd sich bewegenden Mädchen, das seine dichten, schwarzen Haare lose hintenüber herabfallen ließ. Da sich bald noch mehr Gäste einstellten, ging er zum Schanktisch, um seinen Posten als Ausschänker zu übernehmen. Seine Braut schlenderte langsam hinaus; andere kamen herein. Es ging wie in einem Taubenschlag. …

Ein alter, trockener Mensch, der den Anwesenden als eine Art Faktotum diente, setzte sich zu mir. Auf meine Fragen erzählte er mir, wie der Ausschänker hierher gekommen war. Auf einem

Hans Baluschek: Vergnügungspark – In der Hasenheide, 1895.

Tanzboden in der Hasenheide hatte er die anrüchige Kleine kennen gelernt, die den lebensprühenden Burschen dadurch an sich zu ketten wußte, daß sie ihn mit Geld unterstützte. Er diente damals in einem Garde-Regiment seine drei Jahr ab und war, bei sehr knappen Groschen, einer der schneidigsten Reiter und der Tollkühnste und Ansehnlichste der Schwadron. Sein Rittmeister drückte darum ein Auge zu, wenn Philipp manches liebe Mal über die Stränge schlug, es mit dem Grundsatz motivierend: »Ein Kavallerist, das muß ein flotter Bursche sein!«

Nach beendeter Dienstzeit wollte Philipp sich von dem Mädchen befreien, sie aber zerrte ihn stets in das Luderleben zurück. Er mußte es in ohnmächtiger Wut hinnehmen, wenn sie ihn mit wüsten Schimpfreden aus der Wohnung seiner Eltern

Heinrich Zille:
»In der Kaschemme«.

holte. Hatte er soeben seiner gutherzigen Mutter versprochen, anders zu werden, so brauchte ihm das Mädchen nur gegenüberzustehen, und er folgte ihr willenlos. Sie wußte seine Trägheit auszubeuten und hatte ihn ganz in ihrem Willen.

Vermöge seines hellen Kopfes und seines muskulösen Körpers hatte er sich aber zu eigener Genugtuung in diesem Kreise von Dirnen und ihren Burschen, in dem er mit einem gewissen Widerwillen schon mehrere Jahre lebte, eine bestimmte Achtung zu erringen gewußt. Keiner von seinen Genossen wagte es, ihm nahe zu treten, aus Furcht, von seinen Muskeln erdrückt zu werden.

Mein neuer Bekannter nippte an seinem Schnaps und fuhr fort: »Sehen Sie, all' die jungen Leute hier betrachten ihn als ihren Matador. Die Blüte der Schmarotzerzunft findet sich allabendlich in seiner Nähe, nachdem man entweder geschlafen oder den Tag über herumgebummelt hat.«

In diesem Augenblick entstand ein wüstes Lachen. Ein schlanker, sehniger Mensch traktierte unter dem Gelächter der Anwesenden sein Mädchen mit Schlägen. Nur das energische Dazwischentreten des sonst wie blödsinnig fortwährend essenden Wirts verhinderte ein ernsthaftes Ende des Streits. In der Debatte, die hierdurch hervorgerufen wurde, plauderten einige resolute Dirnen ganz offen ihre Ansichten über ihre Burschen aus.

»Et is eben alles Geschäft,« sagte ein robustes Frauenzimmer. »Da quält man sich for die Kerls ab und dann wird man noch geschlagen. Na, mir darf meiner nich kommen; ick zerkratz ihm seine Larve, daß er wie 'n Puter aussieht. Und wenn er't zu doll macht, bring ick ihn nach Plötzensee!«[1]

Bei diesen Worten betrat der Beredete das Lokal, er ging auf sie zu und umarmte sie. Nun führten die Beiden unter lauter Heiterkeit einige verliebte Szenen auf. Mein Nachbar flüsterte mir zu: »Der bezieht von seinem Mädchen die höchsten Spesen, die in diesem Viertel gang und gäbe sind. Sie müssen nämlich wissen, eine will die andere darin übertreffen.« Und er zählte mit dem Daumen in die offene Hand.

Die letzten Worte hatte Philipp aufgefangen, der sich zu mir gesetzt hatte. Er zeigte gleichsam zur Bestätigung mehrere Goldsachen, die seine Braut ihren Kunden abgeschmeichelt hatte, um sie ihm zu verehren.

»Ih,« meinte er, »ich habe durchaus keine Lust, mein ganzes Leben hier zuzubringen. Wenn ich ein Mädchen finde, die

---

1 Plötzensee: Berliner Gefängnis.

eine heiratswerte Mitgift hat, wird gefreit und 'ne Kneipe aufgemacht. Sie soll'n mal sehen, was für'n prächtiger Spießbürger ich noch werde. – Ich habe da schon so'n kleines Techtel-Mechtel mit der Tochter eines Gastwirts, der in der Linienstraße wohnt. Ihre Alten sehen mich ja auch ganz gern. Es ist aber noch nicht das Richtige. – Bis man was Besseres hat, nimmt man das eben mit – for't Herze! Die da,« er wies auf seine Braut, die soeben zurück kam, »darf davon selbstredend nischt wissen; sonst geht sie hin und verhaut die Kleine. Marie is überhaupt forsch und läßt nicht so leicht locker ... Solange man noch jung is, macht man eben die Sache mit. Ich stehe ja nischt aus – denken Sie, es kommt mir darauf an, mal dreißig Mark an einem Abend totzuschlagen?! Das müssen Sie nicht denken – das ist ein Kinderspiel!«

Bei diesen Worten trat ein protziger Zug auf sein aufgedunsenes Gesicht, während er lässig seinen Bart strich. Dann machte er mich auf andere aufmerksam:

»Sehen Sie den ausgemergelten, grauhäutigen Kerl? – Der hat schon seine vier Jahre Zuchthaus hinter sich. Der Vater eines Mädchens, das er sich herangezogen hatte, ließ sie nich so ohne weiteres laufen. Er wurde zwar scheußlich von dem Verführer seiner Tochter mißhandelt, sorgte aber dafür, daß ihr Bräutigam auf vier Jahre in den Chokoladenkasten[1] auf Ferien ging. Jetzt will der mit dem geschminkten Mädchen, das bei ihm sitzt, ein Absteigequartier einrichten. Sie hat nämlich etwas gespart für ihre alten Tage.«

Er rief einem eben hereingekommenen Mädchen zu:

---

1 Chokoladenkasten: Zuchthaus, weil die Insassen dunkelbraun gekleidet sind und Chokoladenmänner heißen.

»Na, Du kannst wohl auch wieder keine Ruhe halten? Wat hast Du denn wieder Deinen Max verklatscht? – – Was? Na, nu sei man stille, sonst komm ich mal rüber!«

Und zu mir: »Der Kleine mit der Schmalztolle, der auf der andern Seite sitzt, wird wohl nicht mehr lange machen. Er war schon ein paarmal in der Charitee. Die meisten von meinen Bekannten kriegen ja bald einen kleinen Knax. Mit 'n Mal haben sie die Schwindsucht oder irgend so was. Verschiedene holen sich auch 'ne Krankheit in Plötzensee. Mich haben sie, Gott sei gelobt und gepfiffen, noch nich 'rausbringen können. Wenn ich mal was zu befürchten habe, jeht's heidi, haste nich jesehn, nach Hamburg oder nach Stettin; und wenn das Donnerwetter wieder vorbei is, bin ich wieder da! ...Vorsehen muß man sich ja, am meisten vor seiner eigenen Ollen. Wenn die mal 'n Kribbel kriegt, läuft sie zur Polente[1] und man is geliefert – – Na, dafor entschädigen wir uns schon vorher, und es gibt manchmal Stripfe – und nicht immer blos mit der flachen Hand ...

Wissen Sie, ich habe aber ooch bei uns manches soziale eingeführt. Ich habe dafür gesorgt, daß in unserm Gesangverein, der übrigens fünfzig Mitglieder hat, eine Unterstützungskasse für die gegründet is, deren Bräute nach der Barnimstraße (Weibergefängnis) verschickt sind. Wir halten da feste zusammen. Manchmal – na ja, ohne kleene Geschäftsintrigen geht es natürlich nicht immer ab. ... Wir haben auch öfter Maskenbälle und Kränzchen. Es sollen zwar nur Eingeweihte zugelassen werden; aber Sie derfen ja mal zum Frühlingskränzchen mitkommen. So manche bringt auch ja auch irgend einen dauerhaften Liebhaber mit. Immer die feinsten Leute, Beamte und Geschäftsbesitzer –

1 Polente = Polizei.

In einer Kaschemme. Fotografie von Heinrich Zille.

und denn auch 'n schwerreicher Junge, der Sohn von 'n Grundstücksspekulanten – zwee Millionen hat er jehabt. Jetzt hat er man blos noch eene.

Kommen Sie man. Es soll Ihnen nischt kosten. Da wird ordentlich wat losgelassen!«

Ein elegant gekleidetes, mit Brillanten behängtes und hochgewachsenes Mädchen tanzte mit ihrem Verlobten zu den Klängen eines Pianinos, das ein stellungsloser jüdischer Handlungsgehilfe spielte. Dieser Verlobte, mit dem sie in der nächsten Woche Hochzeit machen wollte, trug ein paar Ringe und Vorsteckknöpfe, die einen Wert von über Tausend Mark besaßen. Herren der oberen Gesellschaft, die das Mädchen regelmäßig besuchten, hatten ihr den Schmuck geschenkt.

Ein anderer »Bräutigam« zeigte einen Siegelring, den seine Braut von einem Geistlichen erhalten, als sie ihn in ein Hotel begleitet. In Freundschaft und Zärtlichkeit waren der Pfaffe und die Dirne zusammen gekommen. Nach gefühltem Rausch aber war der sittliche Zorn in dem Mann der Kirche erwacht und er hatte in Reue und Schmerz das Mädchen verflucht. Als er ihr den Lohn versagte, hatte sie den Ring an sich genommen. –

Ja, Geschichten gibt es da zu hören – – Geschichten, die eine merkwürdige, fratzenhaft verzerrte Kehrseite zu unserm Kulturleben bilden. Und man muß sich fast wundern, daß die Dirnen und ihr Anhang nicht noch roher und brutaler, nicht noch materieller sich geben. Daß eine die andere im Putz übertreffen will, ist ja nur selbstverständlich. Aber auch darin wollen sie einander übertreffen, daß sie ihren Zuhältern am meisten Geld zustecken. Sie haben eben ihre besonderen Ehrgeize. Wenn sie auch nicht immer glauben, daß der Zuhälter nur aus Liebe zu ihnen hält, wenn sie ihn auch oft in einer gewissen Furcht vor dem Verrat an die Polizei erhalten – sie haben doch eine gewisse Anhänglichkeit zu ihm, sie finden einen gewissen fraulich-mütterlichen Genuß darin, für ihn zu sorgen. – –

Die Leutchen hielten übrigens auf Formen.

An einen der Spieltische drängte sich in brutaler Weise der Zuchthäusler heran. Gleich nach seinem ersten Spiel erhob sich einer, halb der zweite – der dritte – und der Zuchthäusler saß allein am Tisch. Mit ihm wollte niemand etwas zu tun haben. Er war ihnen zu gewalttätig.

Und wenn sie selbst auch manchmal sich so gewalttätig gaben – das war eben mehr Renommage und Unterhaltungsbedürfnis, als echte, innere Roheit.

Charakteristisch erschien mir auch folgende Unterhaltung:

An eines der wie ein solides Arbeiterehepaar ihr mitgebrach-

Heinrich Zille:
»Der Budikerkeller«.

tes Abendbrot verzehrenden Paare trat ein junger Mensch heran:

»Na, Liese – sage mal, was suchst Du denn in dem Kaffee Kaiserkrone? Da verkehrst Du doch sonst nicht.«

Das Mädchen wurde blaß, so weiß, wie der Teller, auf dem ihr Essen lag. Es wollte nicht gerade abstreiten. Aber es tat, als könne es sich nicht besinnen, je in dem Kaffeehaus gewesen zu sein.

Der junge Mensch sagte: »Ich habe Dich doch gestern Abend gesehen. Du warst auch nicht allein ... Soll ich Dir sagen, mit wem sie zusammen war?« fragte er ihren Liebhaber.

Der hatte, ohne ein Wort zu sagen, sie nur mit innigen raschen Blicken seiner grauen Augen gestreift, und sagte:

»Ach – laß sie – ich kenne sie ja ... Streite nicht ab!« fuhr er sie an, als sie sich verteidigen wollte.

Nachher umschwärmte sie ihn mit Zärtlichkeiten, dankbar für seine Nachsicht. ... Er wußte ja genau, daß sie mit einem seiner Freunde ein Freundschaftsverhältnis hatte. –

An der einen mit allen möglichen Photographien, bunten Fächern und Büsten geschmückten Wand entdeckte ich auch mehrere Handzeichnungen. Ich sah sie mir näher an und fand, daß einige ganz geschickt gemacht waren. Philipp kam herzu:

»Na – sind die nich fein? Die hat alle mein Freund jemacht, der Gustav Stöckel. Un ick sage Ihnen, jetroffen sind die alle! Jroßartig!«

Es waren Karikaturen. Meist auf Pferderennen. Sie deuteten auf die in Zuhälterkreisen grassierende Wettleidenschaft hin. Eine war besonders flott und mit einem ganz persönlichen Stil.

Ich ließ sie mir heruntergeben.

Gleich drängten mehrere hinzu und schwärmten von dem Gustav.

Ich fragte, ob er Zeichner oder Maler gewesen sei.

»Ih – Jott bewahre – Maschinenschlosser hat er jelernt – un is denn 'ne Weile uff'n Schiff jefahren!«

Sie holten ihn herbei aus einer Hinterstube. Ein großer, breitschulteriger hübscher Kerl mit flinken Bewegungen, offenen, scharfen Augen und feingeschnittenem Kinn. Nur der Mund war brutal gradlinig – und das Gebiß stark. Aber voll prächtiger weißer Zähne.

Er wußte, daß er zeichnen konnte. Meinte aber resigniert:

»Äh – det bringt ja doch nischt in! ...«

Und setzte sich wieder zu seinen Karten. – – –

Eine Nacht bei den Obdachlosen

In den schwarzen Abenddunst reckten sich die Schornstein-Obelisken der Gasanstalt, die am Ende des östlichen Berlins zwischen Greifswalderstraße und Prenzlauer Allee liegt. Schwerfällig ruhten daneben die gewaltigen Sammelgewölbe mit ihrer kompakten Masse auf der Erde. Über die Bau- und Zimmerplätze kam ein schwacher Abglanz von den letzten Häuserreihen der Stadt, die von unten hell erleuchtet werden.

Im Lichtschein der wenigen Laternen sah ich einzelne Gestalten dem letzten Gebäude der Fröbelstraße zustreben. Gestalten mit gesenkten Köpfen. Gestalten mit schleifendem, müdem Gang. Und war die eine zwanzig bis dreißig Schritt in die Straße hinein, so kamen aus der Prenzlauer Allee wieder andere. Es war, wie wenn ein Kettenwerk immer neue aus der großen Stadt herauszerre …

Durch den langen Torweg über den Hof – im Vorraum der städtischen Baracken stehen schon mehrere, die auf Einlaß warten. Das Zwielicht, das durch die Glastür fällt, enthüllt noch nicht alles. Aber daß die alten, windschiefen Hüte vom Regen durchtränkt sind und die Kleider den Männern am Körper kleben, ist doch zu erkennen. Der eine sieht sofort, daß ich ein Neuling bin.

»Aber wenn sie nun drin fragen, wer zum erstenmal hier ist, dann sage man nischt. Sonst wirste verwarnt und darfst blos noch fünfmal kommen. Und denn schieben sie Dir ab mit'n grünen Wagen.«

Inzwischen hatte sich der Vorraum immer mehr gefüllt. Die wenigsten sprachen. Nur zwei Polen unterhielten sich. Aber das gefiel jenem nicht, der mir den kameradschaftlichen Rat gegeben.

»Wenn Ihr Euch wat zu erzählen habt, sprecht doch Deutsch!« herrschte er sie an.

Als ihm jedoch der Pole auseinandergesetzt hatte, daß man doch auch Privatgespräche haben könne, und daß er sich nie um solche kümmern würde, gab er ihm Recht. Die Erregung, die dieser Streit hervorgerufen, endete in dumpfer Resignation: Ach, laßt jeden machen, was er will! –

Bald darauf schob einer der hinter der Glastür auf und ab eilenden Beamten den Riegel zurück. Hastig drängten alle aus der feuchten, kalten Nachtluft in den gewärmten Warteraum. Die langen Bänke waren schnell besetzt. Hier, in dem rücksichtslosen Licht der in der Mitte des kahlen, hohen Raumes brennenden Gaslampe zeigte sich die ganze Verkommenheit des Äußeren meiner Schlafgenossen für die kommende Nacht. Vom Wind, Regen, Staub und Schmutz mitgenommene und verwüstete Kleider hüllten diese verwüsteten Menschen ein. Stumm hockten sie auf den langen Bänken nebeneinander. Nur jene, deren Rock wohl schon schäbig, doch noch nicht zerrissen und geflickt war, nur jene, die noch mit rasierten Gesichtern oder verschnittenen Bärten hier hinaus kommen, plauderten. Einer von ihnen, unter dessen buschigen Brauen böse, tiefliegende Augen herausblickten, lief geärgert an den Wänden herum, an denen große Zettel mit Stellenangeboten für Erdarbeiter hingen.

»He – wat! Wir Berliner und Erdarbeeten?! Sowat wagen se uns zu bieten? Det is woll wat for de Wasserpolacken, aber nich for Männer, die Schule jenossen haben!«

»Schule jenossen? Wo hast Du denn Schule jenossen?« fragte ein junger, sorgfältiger als die meisten anderen gekleideter Mann. »Mir kannst Du es ja ruhig sagen, was Du hinter Dir hast. Hier kommen ja mehr Leute her, die nicht fürs Asyl bestimmt waren. Ha – ich habe auch Schule genossen. Bis Prima. Und meinen Einjährigen habe ich in Liegnitz gemacht.«

Damit hielt er seinen Militärpaß hin. Der erste griff danach. Als er aber sagte: »Das kann ich nicht gleich so lesen,« meinte ein dritter:

»Und Du willst Schule genossen haben?«

Diese Szene beachteten die meisten gar nicht. Als aber von einem gefragt wurde, ob sie heute Abend baden müßten, hoben viele ihre Köpfe. Der mit den bösen Augen lief unruhig hin und her.

»Is ja nich dran zu denken! Seitdem die Abgeordneten hier waren, braucht keener mehr zu baden, der nich will!«

In diesem Augenblick öffnete ein Beamter die Tür und rief: »Nach dem Schlafsaal!«

In langem Zuge schritten wir an ihm vorbei, durch weite Korridore, dann hinein in den Saal 25. Ein ungeheizter, hoher, etwa zwanzig Meter langer und sieben Meter breiter Raum, dessen Wände und Decken mit grauer Ölfarbe gestrichen waren. Im Dach befanden sich eine Reihe Fenster, durch die es kalt herabwehte auf die Durchnäßten, die sich ein wenig an den Wärmeröhren des Warteraums gelabt hatten. Sofort wurden die Fenster geschlossen. Dann klappten die Pritschen herunter. Und in kurzer Zeit hatte sich jeder der siebzig Männer sein Nachtlager gesucht – im Flackerschein der zwei Flammen, die über den Türen brannten. An jeder Schmalseite öffnete sich eine Tür. Und neben ihnen waren drei Emailwaschschüsseln angebracht.

Ich hatte mich kaum auf meine drei Bretter mit dem kurzen Querbrett, das als Kopfkissen diente, gesetzt, da wurden die Schüsseln schon eifrig benutzt. Fast alle holten sich einen der grauen Email-Eßnäpfe, die dort aufgeschichtet waren. Da die Näpfe noch Reste des Mehles vom Morgen enthielten, mußten sie erst gründlich gespült werden. Und als nun jeder seinen Napf hatte, kamen einige ganz alte Kunden, die sich inzwischen ihre Hemden herabgezogen hatten, um diese zu waschen. Da merkte ich, daß kleine, braune Haustiere, die man in der Regel nicht zu züchten pflegt, hier nicht selten sind …

Während die meisten ihre Stiefel auszogen und das Jackett als Kopfkissen unterlegten, dann unter die dünne Leinendecke krochen und sich zurecht legten, liefen einige noch herum, ohne Ruhe zu finden. Aus einem Nebensaal kam ein Bursche und ging die Reihen entlang:

»Hat noch jemand Brot zu verkaufen?«

Ihm folgte einer mit einer kleinen Kiste:

»Bücklinge! Nur fünf Pfennig das Stück!«

Und ganz heimlich bot ein junger Mann ein Paar frisch angestrickter Wollstrümpfe an, mit dem tastenden Gang des Säufers dahinschreitend.

Aber auch andere, die nur jemand zu suchen schienen, kamen an meiner Pritsche vorüber. Immer und immer wieder kamen sie vorbei. Einer blieb lächelnd bei mir stehen und sagte mir mit einer zarten, mitleidigen Vertraulichkeit in seinem gedrungenen Gesicht ein paar freundliche Worte. Ich konnte sie nicht recht verstehen. Wenige Pritschen von mir fort hockte ein hagerer Mensch und hustete so laut und heftig, daß es alle Gespräche, alle Geräusche übertönte …

Da winkte mich ein mir gegenüber Sitzender zu sich. Ich stieg über die in der Mitte stehende Pritschenreihe hinweg und setzte mich zu ihm.

Er warnte mich vor den Allzu-Freundlichen. Die wollten einen nur sicher machen. Und in der Nacht kämen sie und nähmen, was sie erwischen könnten. Dann erzählte er mir, daß es hier 39 solcher Säle gäbe. In jedem könnten siebzig Mann schlafen. Wer abends vor acht komme, erhalte einen Napf Mehlsuppe und ein Stück Brot. Nicht alle müßten baden. Aber jeder zweite oder dritte »Schub«. Und Sonnabends, wie ja heute auch, wäre es immer am vollsten. Da würde keiner »verwarnt«. Sonntags käme kein grüner Wagen. Aber an den andern Tagen ständen zwei Beamte am Eingang. Die holten sich jene heraus, die sie schon öfter gesehen. Und, nachdem deren Legitimation untersucht und eingeschrieben, würde ihnen aufgegeben, sich binnen fünf Tagen Arbeit oder Unterkommen zu verschaffen. Sonst – jeden Morgen werden zwei – drei grüne Wagen voll nach dem Alexanderplatz geschafft.

Der Hagere, der sich langgestreckt hatte, wurde wieder von einem jähen, bellenden Husten aufgescheucht, der wie eine drohende Warnung in die Worte des andern, eines stämmigen Kupferschmieds, hineinklang. Während der Hagere noch mit seinem Husten kämpfte, meinte der Kupferschmied:

»Ach – da kommt man nach Berlin – schläft hier umsonst – kriegt Suppe und Brot – gewöhnt sich dran – und verkommt ...«

Ein neuer harter Husten des Hageren schnitt ihm die Worte ab.

Er schenkte mir dann eine Zigarette, deren Rauch mich ein paar Minuten über die Ausdünstungen der auf den Körpern trocknenden Kleider und Stiefel hinweg täuschte. Da nur noch Vereinzelte saßen und plauderten, ging ich wieder zu meiner Pritsche.

Da rief einer laut:

»Ruhe!«

Einen Augenblick wurde es stiller. Ich zog die ziemlich schmierige Sackleinwand über mich. Da bewegten sich wieder mehrere.

Wieder rief es aus einer Ecke gebieterisch:

»Ruhe!«

Aber es währte nicht lange, da war es abermals nicht still, und aus der Ecke gellte es wieder:

»Ruhe!«

»Ach was – wenn man doch nicht schlafen kann!« brummte einer.

Dann aber schwiegen alle. Nur selten ging einer hin und her. Doch das Atmen der Vielen und ihr Hin- und Herwerfen tönte noch immer durch den Raum.

Und alle Viertelstunde hustete der Hagere so scharf und hart. Er legte sich nicht mehr nieder. Die Decke zog er sich über den Kopf und nickte hockend vor sich hin. Sein von der ununterbrochen flackernden Flamme geworfener Schatten bedeckte ganze Reihen der Schläfer mit ins Riesengroße verzerrtem Dunkel ....

– – – – – – – – – – – – – – – –

Morgens um fünf rief ein Beamter zur Tür herein:

»Aufstehen!«

Wir wuschen uns notdürftig, trockneten uns mit unseren Taschentüchern und klappten unsere Pritschen hoch. Niemand beklagte sich, daß ihm etwas gestohlen worden sei.

Dann kam ein Hausdiener mit Brotstücken, je zweihundert Gramm. Er ging die Reihen hinunter und warf jedem seinen Teil zu.

Einer, bei dem es an die Erde fiel, schrie ihm nach:

»Grad', als wenn wir Hunde wären!«

Unterdessen drängten sich schon alle nach der Tür, wo es

Suppe gab. Etwa einen Liter für jeden. Und nachdem sie ausgeschlürft und das Brot aufgegessen worden war, durften wir hinaus.

Alle hatten es eilig, in die frische Luft zu kommen, heraus aus diesem erstickenden Dunst, den Kummer, Elend, Krankheiten, Gemeinheiten und Verworfenheit mit ihren fauligen Ausdünstungen schwängerten …

Draußen ging gerade die Sonne auf. Die grauen Wolken, die nüchternen Hausmauern, die alten Zäune, alles wurde überstrahlt und durchtränkt von dem Morgengold. Und selbst über die Gestalten mit den verfilzten Bärten und verschnapsten Augen breitete sich ein frischer Glanz.

Neben mir aber hustete wieder der Hagere und sagte abgebrochen:

»Nachher – regnet – es ja doch – wieder …«

Entlassene Strafgefangene

Gerichtsgebäude, Grunerstraße. Der eiserne Torweg an der Stadtbahn. Oben fahren die Züge hin und her auf den Viadukten. Auf der Straße ist das bunte, muntere Treiben der Großstadt mit seinem Tumult und seinem heiteren Farbenspiel. Die jungen Mädchen in sommerlich hellen Kleidern. Die Männer alle in sauberen Röcken. Und an der Ecke steht eine Händlerin mit Rosen, den ganzen Wagen bepackt mit den duftenden Blumen; ein Blühen von Rot, von den dunkelsten bis zu den lichtesten Tönen. Das quillt und schwillt, als wolle es überfluten. Überall Überfluß …

Nur unter der Stadtbahnbrücke lungern im dunklen Schatten mehrere Gestalten: dürftig, in zerknitterten Jacken und Hosen, armseligen, verwitterten Kopfbedeckungen und jämmerlichem, altem Schuhwerk. Sie haben etwas unsäglich Scheues im Blick und in der Haltung, in allen Gebärden und Bewegungen.

Und jetzt geben sie sich einen inneren Ruck, gehen durch den eisernen Torweg und die Einfahrt zwischen Stadtbahn und Gerichtsgebäude entlang. In den ersten Eingang rechts biegen sie ein – hinein in den Arbeitsnachweis zur Besserung der Strafgefangenen.

Nach und nach tauchen aus dem heiteren Gewühl der Großstadt immer wieder solche scheuen, zerknitterten Menschen auf. Einzelne sind noch in guter Kleidung, Arbeiterkleidung. Aber abgetragen, schäbig ist ihr Äußeres fast stets. Und irgend ein wirrer, irrer Zug im Gesicht, irgend eine Spur von Verwahrlosung, etwa ungeschnittene, wuchernde Bärte, unrasierte Gesichter, zu lang gewachsene Haupthaare künden selbst dem, der an dem schlecht sitzenden, abgenutzten Zeug nicht ihr Elend erkannt hat, daß sie abseits stehen von Arbeit und Genuß, Ordnung und liebevoller Pflege.

Auf dem weißgetünchten Flur stehen sie in Gruppen und einzeln. Manche lehnen sich müde an die Wand. Hinten geht es rechts herum in den Warteraum. Da schläft einer im Stehen in der Ecke. Ein großer, knochiger Kerl mit derben Händen. Er fährt aus dem Schlaf, taumelt erschreckt ein paar Schritte vorwärts:

»Ach, geben Sie mir doch Arbeit! Ick will ja bloß Arbeit! Ich will ja bloß arbeiten!«

Dann steht er stramm, mit herabgerissener Mütze vor dem Assessor, der hier eine leitende, freiwillige Stellung hat.

»Gehen Sie hinein – fragen Sie!«

»Ich soll ja hier warten. Entschuldigen Sie – !«

»Na, dann warten Sie –!«

Scheu drückt sich der Mann in den Kreis, der die Tür umdrängt, die zum Bureau führt. Eng stehen sie beieinander, dicht vor dem Eingang. Einer nach dem anderen werden sie hineingerufen.

Da steht gerade einer vor den Tischen. Ein braungebrannter, ziemlich großer Mensch in einem sonderbar zusammengesuchten Anzug: gelbbraunen Arbeitshosen, schwarzer Frackweste und schwarzem Gesellschaftsrock; aus dem weiten Ausschnitt der Weste aber schaut ein buntes Flanellhemd. Ein steifer, runder Hut und ausgetretene Zugstiefel, deren Bänder unter der zu kurzen Hose hervorlugen, vervollständigen die Seltsamkeit seines

Anzuges. Der struppige Bart, das zu lang gewordene Kopfhaar, der scheue Blick der dunklen Augen, die Verschwommenheit der Gesichtszüge zeigen den schnapsliebenden Landstreicher.

»Haben Sie noch Fahrgeld?« fragt der Sekretär, ein untersetzter Mann.

»Nee.«

»Na, Sie waren doch im Arbeitshaus! Da haben Sie doch Geld bei der Entlassung bekommen!«

Der Mann fingert mit beiden Händen an der Krempe seines Hutes und antwortet nicht.

»Wann sind Sie denn entlassen?«

»Vor vierzehn Tagen!« erwidert der Schreiber, der die Personalien aufgenommen.

»Naja, da haben Sie nun erst wieder das Geld verbraucht – und sich herumgetrieben – nun sind wir ja gut genug! – Na, also, hier ist eine Stelle, Viehfütterer und alle landwirtschaftlichen Arbeiten, hundertfünfzig Mark jährlich, das erste Vierteljahr zwanzig Mark, das zweite dreißig, das dritte vierzig und den Rest, wenn die Arbeit zu Ende. Wollen Sie hingehen?«

»Nee – nee; da kriegt man ja keen Geld in die Hände! Nee, da kann man sich ja nischt anschaffen! Nee, nee!«

»Wozu brauchen Sie Geld? Sie kriegen Ihr Essen, Ihr warmes Mittag –«

Der Mann wird nachdenklicher.

»Sie haben Ihre Ordnung, Ihr Bett –«

Der Mann wird noch nachdenklicher.

»Sie haben Ihre Sauberkeit, Ihre Wäsche –«

Da schüttelt sich der Mann und wehrt ab:

»Nee, nee – haben Sie nich eene Stelle für mich mit Wochenlohn?«

»Ich hab Ihnen schon mal gesagt, daß ich für Sie keine habe.

Nun gerade nicht. Wenn Sie die Stelle nicht wollen, habe ich keine für Sie.«

»Nee – nee – ohne Jeld in de Finger – –!« Er schüttelt den Kopf und geht hinaus auf den Flur.

Dann kommt ein Mann herein, dem man ansieht, daß er nicht zu den niedrigsten Arbeitern gehört. Ein offenes, intelligentes Gesicht, blaue, helle Augen, blondes Haar, blonden Spitzbart. Eine blaue Bluse, der feste Zug im Gesicht deuten den Metallarbeiter an.

»Ja, Fabrikarbeiter sind nicht gemeldet. Als Schmied können Sie nicht gehen?«

»Nein.«

Können Sie Landarbeit machen? Können Sie mähen?«

»Nein, mähen kann ich nicht.«

»Können Sie denn mit Pferden umgehen?«

»Ja, gewiß; pflügen kann ich auch.«

»Na – hier, hundertsechzig Mark Jahreslohn – aber das werden Sie nicht ausfüllen können?«

Durch die zähen Züge des etwa dreißigjährigen Mannes geht es wie ein Lächeln, halb spöttisch, halb ängstlich. Dann greift er hastig nach der Feder und unterschreibt – wenn man im Gefängnis war, darf man nicht wählerisch sein. ...

Nun kommt eine junge Frau durch eine andere Tür. Ein hübsches, gefälliges Wesen. Einfach, aber geschmackvoll gekleidet. Sie hat einen offenen Blick. Und die ein wenig kräftige Nase paßt gut zu dem energischen Kinn.

Resolut geht sie auf die Beamten los:

»Ist der Herr Vorsteher da?«

»Im nächsten Zimmer.«

Da ist sie auch schon drin.

»Ach, Herr Direktor, Sie entschuldigen, daß ich Sie in Anspruch nehme! Aber – mein Mann – – sehn Sie, der hat ’ne Dummheit gemacht. Und nun sitzt er da in Bayern. Ich möchte ihn aber gern wieder hier haben. Wenn man zwei Kinder hat ...«

»Ja – aber wenn er bestraft ist, muß er eine Stellung haben, will er in Berlin bleiben. Arbeitslos darf er nicht her!« meint der Vorsteher eindringlich.

»Ja, darum komme ich ja zu Ihnen. Das haben sie mir schon geschrieben von seinem Gefängnis aus. Und da wäre ich Ihnen ja so dankbar, wenn Sie nur helfen wollten, daß er doch hier bleiben darf. Ich habe ja Arbeit für ihn. Ich brauche ihn ja so nötig.«

»Ja – liebe Frau, das müssen wir erst untersuchen.«

»Ja, bitte, Herr Direktor, bitte! Ich wäre Ihnen ja so dankbar!«

Sie sieht den Vorsteher mit so warmen, offenen Augen an, daß er ihr verspricht, die Sache bald zu erledigen. Kurz und knapp erzählt sie noch, was sie angefangen, als die Familie ohne Ernährer war. Sie hat sich von Bekannten, die eine Nähstube haben, einen Mantel geliehen, hat einen zweiten danach gearbeitet und ihn in einem großen Konfektionsgeschäft vorgelegt. Dort gefiel er sehr wegen der exakten Arbeit, sie bekam Aufträge. Die fielen so gut aus, daß sie immer größere Lieferungen erhielt. Jetzt hat sie schon mehrere Nähmaschinen stehen und beschäftigt soviel Leute, daß sie einer Hilfe bedarf zum Zuschneiden, Liefern, Abnehmen und Buchführen.

»Na, da hat doch mein Mann genug zu tun! Sehr angenehm wird’s ihm ja nicht sein, daß er gewissermaßen mein Helfer sein soll, daß ich ihm eine Existenz gebe, – aber man kann doch seine Familie nicht verhungern lassen.«

Der Vorsteher ist noch ein wenig mißtrauisch. Er findet es zwar reizend, daß die Frau so lebendig und tüchtig ist. Doch als alle Recherchen, alle Auskünfte die Angaben der Frau bestätigen, als sie überall ganz ungewöhnlich gelobt wird, bekommt er noch mehr Respekt vor ihr und sorgt dafür, daß der Mann nach Berlin kommen darf. ...

Im Bureau geht es unausgesetzt weiter.

Ein junger Bursche kommt herein. Mit einer Sammetsportmütze; ein verhungertes, dummpfiffiges Gesicht, kurz geschoren, die Nase aufgestülpt, die Ohren abstehend.

»Sie können als Hofgänger gehen,« sagt man zu ihm.

Ich möchte gern Milchkutscher werden!« meint der Bursche und dreht seine Mütze hin und her.

»Milchkutscher? Aber das können Sie doch nicht! Sie sind doch viel zu jung!«

»Ich gehe nur als Milchkutscher!« beharrt er. »Ich will fahren. Ich will Pferde haben und herumfahren.«

»Nu reden Sie doch nicht! Sie waren doch noch nicht Milchkutscher. Und Ihnen kann man doch kein Fuhrwerk anvertrauen. Was, so ein bischen in der Stadt herumfahren – und dann denken Sie wohl, dazu gehört nicht mehr? Zum Milchkutscher gehört eine ganze Menge. Mit dem Spazierenfahren ist das nicht getan. Hier, eine Stelle als Höfgänger. Neunzig Mark im Jahr, und Sie haben Ihre Ordnung.«

»Nee, als Hofgänger geh' ich nicht.«

»Na, können Sie denn mähen?«

»Nee.«

»Können Sie pflügen?«

»Ja.«

»Na, dann können wir Sie doch auch nicht mal als Knecht weggeben. Dann können Sie doch aber als Hofgänger gehen. Wenn Sie pflügen können, bekommen Sie doch Überverdienst. Da stehen Sie sich doch auch ganz gut.«

»Ne – e, nee! Ich will Milchkutscher werden!«

Er hat sich das zum Ziel gesetzt, es ist sein höchstes Ideal, von dem er nicht abweichen kann.

»Ja, das tut uns herzlich leid – aber wir haben keine solche Stelle.«

»Ja, ich will Milchkutscher werden!«

Damit geht er hinaus.

Nach einigen Sekunden schiebt er am Fenster vorüber: die Mütze über den Kopf gezogen, die Hände in den Taschen, mit energischem Blick seinem Ideal zustrebend – Milchkutscher! …

Ein großer, breitschultriger, hagerer Mann, hohe Stirn, starkknochige Nase. Er ist etwa in der Mitte der Fünfziger. Hat achtzehn Jahre Zuchthaus abgesessen – zwei Jahre, vier Jahre, achtzehn Monate u.s.w. Meist wegen schweren Diebstahls. Das letzte Mal wegen schwerer Körperverletzung. Seitdem führt er sich sehr gut. Kann sich aber schlecht ernähren, weil an seiner rechten Hand vier Finger verstümmelt sind. Möchte nun gern Drehorgel spielen, um nicht wieder in Versuchung zu kommen. Hat jedoch keine Erlaubnis bekommen, weil keine Konzessionen mehr gegeben werden.

»Wenn ich nur was machen könnte mit der Hand – aber es geht ja nicht! Handeln kann ich doch auch nicht. Da muß ich doch erst einen Wagen und Ware haben!«

»Handeln ist auch nichts. Das versteh'n Sie nicht.«

»Na ja, eben. Der Leutnant von mein' Polizeirevier sagte ja, in seinem Revier könnte ich ruhig spielen. Da brauchte ich keine Konzession.«

Der Assessor kommt aus dem Nebenzimmer:

»So, wenn der das gesagt hat – ich werde mal mit Ihnen zum Polizeipräsidenten geh'n. Was sollen Sie denn weiter machen mit der Hand? Ich bitte, so ein Mensch! … Kommen Sie nur mit! Das werde ich schon durchsetzen.«

Und schon ist der kleine, hagere, ewig hastende Mensch unterwegs.

Draußen drücken sich allerlei Gestalten herum. Ein hübscher, junger, großer Kerl. Sauber gekleidet. Eine Hand verbunden. Ein älterer Mann, schäbig, mit altem, verregnetem Strohhut, unter dem ein Büschel grauer Haare hervorlugt; sein Spitzbart ausgewuchert; bei aller Dürftigkeit aber sauber. Man sieht die Mühe, sich auf einem gewissen Niveau zu erhalten. Schüchtern nähert er sich dem Boten des Vereins.

»Ich möchte gern den Herrn Vorsitzenden sprechen.«

»Den Vorsitzenden können Sie nicht sprechen. Was wollen Sie denn?«

»Ach – wenn ich nur irgend welche Arbeit bekommen könnte –!«

»Was sind Sie!«

»Kaufmann – ich war früher selbständig –«

»Ach – Kaufmann! Gestern waren sieben hier – und nicht eine einzige Stelle ist gemeldet, nicht eine! Wenn sich doch ein paar Menschen finden möchten, die solche Leute, wie Sie sind, nehmen! Nee, nee, es ist nicht möglich, solche Kaufleute unterzubringen. Der Herr Assessor rennt schon den ganzen Tag herum – na, geh'n Sie mal da hinein, warten Sie da! Und Sie?« – fährt er den jungen Menschen an – »Sie machen ja Ihrem Vater eine schöne Freude! Wo waren Sie denn diesmal?«

»In Brandenburg.«

»So – na – Sie, Sie – – gehen Sie hinein!«

Wie begossen schleicht der große Mensch in den Warteraum.

Einen Angetrunkenen schiebt der Bote hinaus auf die Straße: »Kommen Sie morgen wieder, wenn Sie nüchtern sind!«

»Ich – wenn ich Arbeit – will – dazu brauch' ich Pohlmann[1] nich! Ich krieg' alleene Arbeit – ich krieg –« …

Ein buntes Gemisch von Menschen kommt.

Unter den anderen eine Frau, ein einfaches, arbeitsames Geschöpf. Nicht für sich wollte sie bitten. Sie hatte daheim ein sechzehnjähriges Mädchen, das wegen eines kleinen Diebstahls Gefängnishaft gehabt; und weil die Mutter sie nicht mehr aufnehmen wollte, hatte die Frau sie zu sich genommen, sie hatten früher auf einem Korridor gewohnt. Das Mädchen hatte dicke Füße und konnte nicht selbst kommen, um Unterstützung zu erbitten. Die Frau zitterte vor Aufregung und vor Scham, daß sie gestehen mußte: »Ja, so ganz ernähren können wir sie ja auch nicht. Mein Mann verdient schon seit vier Wochen nichts, und die paar Mark, die ich mit Nähen verdiene, reichen knapp für uns.«

Dankend steckte sie die Speisemarken ein, die man ihr für das Mädchen mitgab, mit deren Familie sie früher auf einem Korridor gewohnt …

Jeden Tag kommen mehrere Bittbriefe. Meist von gebildeten Menschen, die nicht wagen, selbst zu erscheinen. Der junge Kaufmann, der irgend eine Dummheit gemacht, ist feststehender Typus. Fast immer: »Durch diese Tat habe ich Weib und Kind verloren. Und nun stehe ich ganz allein in der Welt. Wenn nicht der Gedanke an meine gute Mutter mich aufrecht erhalten würde, an meine Mutter, die meinetwegen schon so viele Tränen geweint hat, hätte ich einem solchen verfehlten Dasein schon ein Ende gemacht …«

Selten ist es, wenn die Bittenden nicht Antwort mit der nächsten Post verlangen. Sie stehen alle vor dem Letzten. – – –

---

1 Pohlmann heißt der Sekretär, nach ihm nennen die Entlassenen das Bureau.

Im Bureau geht es unablässig weiter. Kurz vor Schluß kommt noch ein Mann herein, dessen Kleidung vollkommen zerknittert ist, der man ansieht, daß sie bis vor kurzem zusammengeschnürt auf der Kammer irgend einer Anstalt gelagert hat.

»Haben Sie noch Arbeit für mich? Kann ich heute noch weg?«

»Gewiß. Wo kommen Sie denn her?«

»Aus Rummelsburg.«[1]

»Na – denn erst mal Geld her!«

»Nee – so ganz ohne Geld« – er tritt von einem Bein auf das andere.

»Dann können wir Ihnen keine Arbeit geben. Da, hier ist eine Stelle. Fünfundvierzig Mark bis Oktober. Wenn Sie wollen, da können Sie sofort mit zur Bahn. Geben Sie das Geld, wir werden Ihnen eine Hose kaufen!«

»Nee – nee, wenn ich die drei Mark nicht behalten darf –«

»Na, dann haben wir nichts für Sie,« meint der Sekretär.

»Ja, dann kann ich mir nicht helfen. Aber so ohne einen Groschen kann ich nicht leben. Und – und an mir kriegen die Leute einen fleißigen Mann!«

»Ach, darum sind Sie wohl schon das dritte Mal im Arbeitshaus?«

»Diesmal war es das letzte Mal. Ganz bestimmt!«

»Das sagen alle.«

»Aber, Herr Inspektor! Wie ick hier stehe, bin ick direkt vom Arbeitshaus hierher gelaufen. Sie sehen doch, wie ick schwitze.« Sein Gesicht zuckt, er kämpft mit allen Fasern um Arbeit. »Wenn ick trinken wollte – nich mal 'n Schluck habe ick unterwegs getrunken!«

---

1 Rummelsburg = Berliner Arbeitshaus

»Ja, Sie waren aber schon dreimal hier. Sie werden doch wieder leichtsinnig!«

Der Mann hebt den Zeigefinger:

»Sehen Sie – der Leichtsinn! Das ist es ja! Aber diesmal wird es anders! Meine alten Freunde bin ick ausgewichen. Du gehst gleich zu Pohlmann, habe ick mir jesagt. Aus det Arbeitshaus in de Arbeit!«

Er wischt sich den Schweiß von der Stirn – und stöhnt mit flehender Stimme:

»Die paar Pfennige können Sie mir doch lassen!«

Da meint der Bote:

»Ich nehme ihn mit, ich nehme ihn mit.«

Auch jener meldet sich, der erst nicht in Jahreslohn wollte. Draußen sagt er zu seinen Bekannten:

»Nun hat man doch wenigstens seine Ordnung.«

Der Bote bringt sie auf den Bahnhof. Da steht schon eine ganze Kolonne. Keiner hat Reisegepäck. Keiner hat irgend welche Aussteuer. Ein alter Mann läuft sogar in Holzpantoffeln. Und einzelne haben noch einen alten Mantel. Jeder bekommt seine Karte vierter Klasse mit dem Stempel des Vereins, damit sie nicht Unfug treiben, ihre Fahrkarten verkaufen.

»Kriegen wir kein Zehrgeld? Sonst jibt's doch fünf Groschen!« sagt ein kleiner Mensch mit knochigen Schultern. Er hat etwas Verwegenes-Fideles in dem Gesicht mit dem gewaltigen Kinn und der scharfen Nase.

Er fragt noch mehrere Male nach dem Zehrgeld.

Endlich stellen sich alle auf. Der Bote zählt ihnen ihre fünfzig Pfennig in die Hand, und durch das Gewühl der Bahnsteige geht's in die Eisenbahnwagen.

Unterwegs meint der Kleine:

»Darf ick nich noch mal in den Wartesaal? Da kriegt man

doch so'n Teppken« – er mißt mit beiden Händen – »da draußen kriegt man ja nischt for't Jeld.«

»Mit dem Geld sollen Sie Ihr Nachtquartier bezahlen. Sie kommen doch heute nicht mehr hin!« antwortet der Bote.

»Na, schön!« Damit klettert der Kleine den Anderen nach, die im Abteil verschwinden.

Aber nach einer Weile schiebt sich langsam ein Kopf heraus. Der Bote droht. Da lacht der Kerl über das ganze Gesicht ...

Der Bote bleibt solange stehen, bis der Zug in Bewegung ist, bis die Männer unterwegs sind zur Arbeit. – – –

Im Winter sieht's oft viel schlimmer aus. Verfroren, blaß und blau im Gesicht kommen die Männer an. Die Räume sind dicht gedrängt voll. Alles diese dürftig Gekleideten, über denen der Dunst des Elends, Kummers, Hungers und der Verkommenheit lagert. Und sie stehen und hoffen hier – Stunde auf Stunde, Tag auf Tag. Hier und da leuchtet jäh die alte Verwegenheit und Entschlossenheit auf in den Augen. In den Augen, die alle den geknickten und gedrückten Gefängnisblick haben.

Da kommt es denn vor, daß ein kleiner, untersetzter Mann plötzlich mit einem Kopfruck einen Kameraden hinauswinkt.

Der sieht den Kleinen fragend an.

Aber der nickt nur noch einmal.

Und willenlos folgt der Frierende dem anderen. Draußen, in der nebelfeuchten Luft stößt der Kleine ein paar Worte heraus – hastig – hart. Der andere antwortet nicht. Aber er geht mit. Einen halben Schritt hinter dem anderen. So tauchen sie unter in den Nebel – in die Menschengruppen – verschwinden ...

Pennbruders Nächte

Im Lausepark saß er auf einer Bank mit mehreren Genossen. Sie duselten vor sich hin, die verschwollenen trüben Schnapsaugen geschlossen oder leer in das Getriebe um sich blickend. Kinder spielten herum, liefen von der Müllerstraße zur Gerichtstraße durch die Wege des Courbièreplatzes, schoben kleine Geschwister in Korbwagen hin und her und spielten im Sand. Auf den eisernen Rasengeländern hockten dürftig gekleidete Frauen in Rudeln und alte, verfallene Männer, denen es anzusehen war, daß sie nur noch invalide Tage hier hinschleppten.

Sie alle hielten sich fern von denen dort auf der Bank.

Als die den kleinen Kerl mit dem rundlichen, stoppeligen Gesicht, den verdunsenen Augen und dem verschwommenen Mund mit der geleerten Flasche zur Destille schickten, sprach ich ihn an. Lange dauerte es nicht, da hatten wir uns verständigt. Er führte mich herum ...

Zuerst die Gerichtstraße hinauf. Nach dem Nettelbeck-Platz. Dort strömen in eine Riesendestille die Arbeiter und die Pennbrüder hinein. Zu Hunderten stehen in großen Fächern glänzende Flaschen mit rotem, braunem, gelbem und grünlichem Inhalt. Und Reihen von Fässern und Aufschriften sind aufgetürmt. In Gruppen stehen die Trinkenden dicht beieinander. Nicht nur Männer, auch Frauen.

Draußen, vor der weitgeöffneten Tür torkelt ein Betrunkener

hin und her – in der mit Ziegelrot bestäubten Tracht der Steinkutscher.

Drei Männer stehen beisammen und lassen die Pulle kreisen. Zwei von ihnen sehen genau so aus, wie mein Begleiter – verknittert, beschmiert, zerbeult. Der Dritte aber trägt das saubere Hemd des Fabrikarbeiters. Sie feiern Wiedersehen.

»Ja – gerade een Jahr is 't her, det se mir entlassen haben bei Schwarzkopp'n!« macht der eine.

»Un seit der Zeit haste – haste keene Arbeet nich?« fragte der Arbeiter.

»Nee – nee – ick reiße mir och nich drum – nee –. Na – Du – ick sage Dir – man jewöhnt sich an't Nischtduhn – jroßartig – jroßartig!«

Dabei wackelte er hin und her.

»Na – und Deine Olle?«

»Ih –« Er schlägt mit der geöffneten Hand nach hinten: »Wenn ick nach Hause kam – un hatte noch keene Arbeit – ›Wat, Du faulet Aas – Dir woll'n se nich mehr? Du bist ihnen zu alt, sagste?‹ … Na – wenn man det nu immer zu hören kriegt – denn jeht man lieber jar nich mehr nach Hause … Du – laß mal noch een'n holen!«

Der Arbeiter sinnt ein Weilchen, zerrt dann aus der Tasche einen Groschen und reicht ihn hin.

»Hauen hätt'ste se müssen. Hauen … Jleich mit'n Hammerstiel!«

Dann dösen beide vor sich hin, während der dritte Korn holt …

Die Fennstraße ging's hinunter. Unterwegs zwischen den heimkehrenden Arbeitern und einkaufenden Frauen Steinkutscher und mehr solcher Leute, die in der Nähe vom Nordhafen stets zu sehen sind. Dann der Nordhafen mit den beiden Reihen

Heinrich Zille:
»Bankarbeit«.

im Fluß querliegender Steinkähne. Der breite Platz herum leer. Nur noch ein Wagen, der hastig beladen wird. Schiffer karren die Steine heraus. Zwei Pennbrüder helfen dem Kutscher aufladen. Als er sie ablohnt, verschwinden sie gleich in einer der vielen Destillen, die auf dieser Seite in den Mietskasernen wie Höhlen leuchten …

Hinter der geraden Fassadenwand der Wohnhäuser ragen Reihen schwarzer Schornsteine über langgestreckten, rußigen Dächern in den abendlichen Himmel – die Gasanstalt. Drüben dehnt sich hinter Eisenbahngeleisen der weite Himmel.

Über eine alte Fußgängerbrücke. An alten Mauern entlang. Holz- und Steinplätze; in der äußersten Ecke des Hafens die Zäune der Badeanstalt. Gesträuch und Buschwerk dort unten, wo sich das schmutzige, dunkle, dicke Wasser hinauswälzt aus dem Hafen und aus der Stadt. In weiter Ferne wieder glatte Hausreihen, vor denen ab und zu glühende Stadtbahnzüge vorüberhuschen.

Mein Begleiter versuchte, in dem Buschwerk unterzukriechen. Aber – der Schutzmann von der Brücke kam näher.

Im Trott ging's den Kanal entlang. Zur Rechten immer wieder Plätze – Mauern, Zäune. Zur Linken den gemauerten Kanal. Auf den Bänken unter den dunklen Bäumen Liebespaare – oder nickende Pennbrüder. Jenseits große Bauten: die Erziehungsanstalt und das helle Elektrizitätswerk.

Schließlich traf mein Begleiter einen ihm bekannten Schiffer, der schmauchend an der Böschung lehnte. Der erlaubte uns, auf dem Boden seines leeren Kahns zu nächtigen. Wir saßen eine Weile auf den Steinkrümeln, den Rücken an der Bootswand. Das Wasser platschte an die Bretter.

Klagend erzählte mir mein Begleiter:

»Ja – früher, da war det Ufer noch nich massiv. Da jab's an beede Seiten Sträucher, wo man mal sein Schläfken machen konnte ... Und wenn de Bienen (Läuse) zu sehre bissen, denn konnte man seine Staude (Hemd) ausfleddern (reinigen, waschen im Fluß). Und denn legte man sich mang de Weiden – und paßte ab, bis der Kram trocken war ... Heute – wenn man da mal seine Fetzen 'n bisken sauber machen will, muß man jleich bis hinter Plötzensee tapern. Da is doch noch Jras und Büsche an't Ufer. Da kann man sich noch hinlegen, wenn man am Hafen 'n paar Jroschen verdient hat un die Pulle is voll.

Früher – da war det anders. Da hatten wir unsre Familie. Un da kochte eene Schickse for uns alle. Un Strohsäcke hatten wir mang de Büsche – überhaupt – feine Wohnstuben. Aber jetzt – jetzt stökern se eenen ja immerzu uff – de Blauhüte.

Un damals durften wir uns ooch noch de Mittagsreste aus de

Heinrich Zille:
»Pennbrüder«.

Erziehungsanstalt holen. Kommen wir jetzt an – jleich hat eenen der Blaue (Schutzmann) bei'n Kanthaken ...«

Wir hockten dann eine Weile still beisammen. Plötzlich hörten wir ein leises Geflüster. Und über das Laufbrett kam der Schiffer mit einem Weib.

»Ah – de Schalfrieda!« meinte der Pennbruder.

Das war ein altes Frauenzimmer, das nachher zu uns herunterkroch. Sie stak in einem alten zerfransten Rock, ihre Jacke war am Ellbogen und auf dem Rücken ganz zerfetzt. Und die dünnen Haare hingen wirr um ein verschnapstes zerfallenes Gesicht. Sie schlang an einem Butterbrot, das ihr der Schiffer für ihre Liebenswürdigkeit geschenkt hatte.

»Ja – euch jeben se wat zu futtern – ick habe den janzen Dag noch nischt zu beißen jehabt!« murrte der Pennbruder.

Da brach sie ihm ein Stück ab. –

Er fragte nach einer Weile, warum sie nicht am Humboldthafen im Heukahn schlafe.

»Ja Du – neulich haben de Blauen mit ihre Säbels immer mang gepiekt. Da vergeht Dir de Lust an solche Penne. 'n Sticker achte haben se rausjepisackt!«

»Deinen Schalbruder[1] ooch?«

»Jawoll, Willem'n ooch!«

– – – – – – – – – – – – – – – – –

Ein andermal führte mich Franz hinaus nach Reinickendorf zu, in die Laubenkolonien. Aber als wir uns in einer niederlassen wollten, kam ein großer breitschulteriger Genosse von ihm und drohte uns mit seinen Fäusten. Er war hier Gebieter. Und gar nicht ungern gesehen von den Laubenbesitzern, deren Land und Ernte er für das gewährte Nachtlager bewachte – und die er vor einer zu großen Überschwemmung mit Pennbrüdern behütete.

Wir statteten dann noch einem Fuhrplatz einen Besuch ab, wo die Obdachlosen auf Steinwagen, in Möbelfuhrwerken und anderen Wagen ihr Nachtlager fanden. Einzeln – aber oft auch zu mehreren. Auch in Ställen krochen sie unter, von mitleidigen Kutschern geduldet, denen sie am Tage aufladen halfen.

Dann wieder gingen wir einmal kurz vor Toresschluß in eines der großen Häuser im Norden, wo Hunderte von Familien wohnen und wo keiner den anderen kennt. In einem der Seitenflügel stiegen wir ganz harmlos zum Boden hinauf, legten uns vor die Tür auf den Treppenabsatz – und warteten so dem Morgen entgegen.

---

1 Schalbruder = Lumpensammler, die in den Berliner Müllkästen nach Lumpen, Eisen und Glas suchen.

Heinrich Zille: »Pennbruder«.

Franz schlief sehr gut. Aber erst nach elf, als es unter uns stiller und stiller wurde. Anfangs tönte ein wirres Durcheinander von Stimmen und Geräuschen zu uns herauf. Bis sich einzelne Töne, einzelne Rufe, Treppensteigen und Türenklappen loslöste. So oft jemand die Treppe heraufkam, rappelte sich Franz schlaftrunken empor, stand auf und hatte einen Fuß erhoben, um harmlos die Treppe hinuntergehen zu können, wenn einer nach dem Boden gehen wollte.

Wir hatten Glück.

Niemand kam ganz herauf.

Aber Franz erzählte, daß er schon mal schlafend aufgefunden und furchtbar geschlagen worden sei von dem Mann, der sich erschreckt hatte.

Seit der Zeit konnte Franz stets erst gegen zwölf so richtig einschlafen.

Am frühen Morgen, lange vor der Dämmerung, erwachten die ersten Töne im Hause. Wir blieben noch eine Weile oben. Bis mehrere Männer hinuntergegangen waren zur Arbeit und die Zeitungs- und Frühstücksträgerinnen auf den Treppen hin- und herliefen.

Da schlichen wir zum Hause hinaus – nach dem Lausepark hin, wo fast alle Bänke besetzt waren von diesen Gestalten mit den gedunsenen Gesichtern. Jetzt, in der hellen Morgenfrische sahen sie mit ihren ungewaschenen, verschlafenen und ungekämmten Gesichtern um so wüster aus. Sie waren die einzigen Gäste im Park. Nur an den Haltestellen der Straßenbahn standen einige Arbeiter.

Alle waren noch schläfrig. Erst als die Destillen geöffnet worden waren und sie sich an den gefüllten Pullen erquickt hatten, erst da wurden sie munterer.

Einer wurde gehänselt. Er trug unter einem alten Gehrock

eine Sackschürze und schien viel Geld mit Steinepacken zu verdienen. Sein Gesicht war ganz verschwollen von Mückenstichen: Er hatte am Kanal geschlafen, um nur nicht zu weit nach seinem Arbeitsstand am Hafen gehen zu müssen. Nun aber hatten ihn die Mücken so gepeinigt, daß er schon seit Stunden hierher geflüchtet war. Er stärkte sich mit mehreren Fleischklößen, die er aus der Roßschlächterei in der Gerichtstraße holte.

Mehrere verabredeten, welche Straßen sie abbetteln wollten. Andere wollten sich nach Arbeit auf Bauplätzen und Fuhrhöfen umsehen. Die meisten zogen zum Nordhafen – vorher aber den Umweg nach der Destille am Nettelbeck-Platz machend.

Franz sang lachend:

Un so jehn wa –
Un so jehn wa
Unser janzet Leben lang
Aus den eenen Restorang
Mang det andere Restorang!

Und ging hinter ihnen her.

Nachwort zur 7. u. 8. Auflage.

Im ersten Vorwort habe ich die Grundzüge und Leitgedanken und meine Beweggründe, diese Sammlung herauszugeben, ausführlich aufgezeichnet. Trotzdem haben gleich die ersten Bände heftige, leidenschaftliche Angriffe aushalten müssen. Die ganze Sache sei nur bestimmt, der Neugierde zu dienen und wohl gar lüsternen Trieben Futter zu bieten.

Am drolligsten waren einige gehässige Bemerkungen, die ich über den 5. Band der Großstadt-Dokumente zu hören bekam. Einige jugendliche Journalisten von der Sorte, die man leider nur zu berechtigt »Dilettanten in allen Gassen« nennen muß, glauben, über eine Sache aburteilen zu können, wenn sie einmal eine Bierreise durch zwei oder drei der in Frage kommenden Kaschemmen gemacht haben. Ja, sie erlauben sich, zu behaupten, ich wolle eine Apotheose des Zuhältertums schreiben.

Nun weise ich das in der Einleitung des 5. Bandes, der sich mit dem Zuhältertum beschäftigt, ausdrücklich von mir. Und einige Darstellungen von Zuhältern und ihrem Dirnenanhang geben ganz gewiß kein Recht, mich zu verdächtigen, ich wolle ein Verteidigungslied der verfehmten Sippschaft singen. Vor allem weise ich ja in jenem Band auch mehrmals auf diesen ersten Band der Großstadt-Dokumente, auf die »Dunklen Winkel in Berlin« hin, wo in den Bildern »Im Bouillonkeller« und »In der Kaschemme« endgültige Darstellungen vom Leben und Treiben des Dirnentums und seiner Kreise gegeben werden, die ganz gewiß von aller Schönfärberei und Sentimentalität entfernt sind. Wer also über meinen Zuhälterband urteilen wollte, mußte schon diesen dazu gehörigen Band zu Rate ziehn. Wer das nicht tat, hat leichtfertig und dilettantisch sein Urteil gefällt.

Geradezu betrübend ist es aber, wenn freiheitliche Zeitungen solchen Journalisten den Platz einräumen, die jeder freiheitlichen Bildung entbehren, und die dort, wo es endlich einmal nachgewiesen wird, daß manche, ja viele Menschen ohne besondere eigene Schuld – wir wissen doch, daß wir keinen eigenen Willen und nur eine sehr beschränkte Selbstbestimmung haben – zum Unrat werden, nach strengster Strafe schreien. Jeder, der sich ein wenig mit dem Strafrecht und seinen Folgen beschäftigt hat, weiß, daß Strafe nicht hilft. Änderung der Zustände und Änderung der Menschen brauchen wir. Änderung der Menschen bringt uns aber keine noch so strenge Strafe, sondern allein die Erziehung kann uns bessere Menschen bringen.

Das sollte doch jede bessere Zeitung von ihren Mitarbeitern verlangen, daß sie dies geringe Wissen sich angeeignet haben. …

Habe ich einige gehässige und hämische Kritiker gefunden, so fand ich um so mehr enthusiastische, erfreuende und stärkende Anerkennung. Das seien die stärksten sozialen Predigten, die jemals geschrieben wurden, sagten die einen. Das gäbe doch endlich einmal umfassenden Einblick in sonst ganz verschlossene Gebiete, sagten die andern.

Und das waren Männer, die in Rang und Würden ergraut sind und seit Jahrzehnten Ämtern vorstehen, die sie in allerengste Fühlung mit dem Volk und seinen untersten, verkommensten Schichten gebracht haben. Besonders fand hier auch der 3. Band der Großstadt-Dokumente »Berlins Drittes Geschlecht« (jetzt 8. Aufl.) seine verdiente Anerkennung.

Wenn nun auch einige Stimmen meinen, ich wolle gewisse schlüpfrige Dinge der Neugier unterbreiten – die Mehrzahl der Bände dieser Sammlung beweist ja das Gegenteil. Da sind zu finden: »Berliner Sekten und Sektierer«, »Berliner Banken«, »Berliner Sport«, »Aus den Tiefen der Berliner Arbeiter-Bewegung«, »Die Berliner Klubs«, »Berliner Schwindel« etc. Und auch in der Wiener Serie, mit deren Veröffentlichung bereits mit Glück begonnen ist, wird die großzügige Gesellschaftskritik im Vordergrund stehen.

Gewiß werden nicht nur soziale Mängel dargestellt werden. Aber: sind denn sittliche Mängel und Leiden, geistige Verirrungen nicht ebenso schlimm und schädigend?

So soll und kann dieser Sammlung nur mit krassem Unrecht der Vorwurf der Einseitigkeit gemacht werden. Am wenigsten wird man ihr nachsagen dürfen, es seien naturalistische Schilderungen, die sie bietet. Allerdings benutze ich hier und da die novellistische Form. Aber doch nur, weil man mit ihr oft viel mehr sagen kann, als mit »stilistischer« Geistreichigkeit. Ja, ich bin sogar stolz, daß ich diese Form beherrsche; sie ist eben außerordentlich schwer und durchaus persönlich. Und was ich will, kann ich da mit dichterischen Mitteln sagen: ein großes Bild der modernen Großstadt geben.

Das ist denn auch von den meisten erkannt worden. Und so kann ich hoffen, daß mir der große Erfolg hold bleibt – und so darf ich auch alle Freunde des Unternehmens bitten, mir weiter Material zuzuschicken, seien es fertige Manuskripte oder Artikel, Notizen oder irgendwelche Mitteilungen.

Allen, die bisher geholfen, allen, die noch helfen, meinen herzlichsten Dank!

Hans Ostwald, Groß-Lichterfelde W., im Mai 1905.

Anhang

Editorische Notiz

Die Originalausgabe des ersten Bandes der *Großstadt-Dokumente*, »Dunkle Winkel in Berlin« von Hans Ostwald (1873–1940), erschien im September 1904 im Verlag Hermann Seemann Nachfolger GmbH, Berlin und Leipzig. Die vorliegende Ausgabe gibt den Text der 12., ebenfalls im Verlag Hermann Seemann Nachfolger erschienenen Auflage unverändert wieder. Korrigiert wurden lediglich Fehler, die offensichtlich bei der Erstellung der Druckplatten entstanden sind, und uneinheitliche Schreibweisen bei den Straßennamen. Hierbei orientiert sich die Ausgabe an der im Pharus-Stadtplan von Berlin aus dem Jahr 1902 verwendeten Schreibweise. Die Fußnoten im Text stammen von Ostwald selbst.

Die Abbildungen im Text wurden für diese Ausgabe ausgewählt und stammen von Heinrich Zille und Hans Baluschek. Zu beiden stand Hans Ostwald in freundschaftlicher Beziehung, nicht zuletzt, da sie in ihrer Kunst ebenso wie er selbst das Ziel verfolgten, den Blick auf sozial ausgegrenzte Gruppen und deren Lebensumstände zu richten. Hans Baluschek zeichnete die Coverbilder zu mehreren von Ostwalds Büchern, darunter sein Debüt »Vagabonden« aus dem Jahr 1900. Auch Heinrich Zilles Illustrationen wurden in späteren Werken Ostwalds veröffentlicht.

Erläuterungen zum Text

S. 7 *Das ist selbst einem Zola nicht immer gelungen* – Émile Zola (1840–1902), Begründer der naturalistischen Strömung, befasste sich in vielen seiner Romane mit sozialen Problemen und dem Unterschichtenmilieu von Paris Ende des 19. Jahrhunderts.

S. 8 *Lucie Berlin* – Am 9. Juni 1904 wurde die achtjährige Lucie Berlin aus Berlin-Gesundbrunnen vergewaltigt und ermordet. Ihr Torso wurde am 11. Juni auf der Spree treibend geborgen. Die Tat erregte wegen ihrer Brutalität besonderes Aufsehen. Verhaftet und verurteilt wurde Theodor Berger, der Zuhälter der Prostituierten Johanna Liebetruth, einer Nachbarin der Familie Berlin. Der Fall ist bis heute bekannt, da bei den Ermittlungen zum ersten Mal der Uhlenhuth-Test zur Anwendung kam, der es ermöglichte, zwischen menschlichen und tierischen Blutspuren zu unterscheiden.

S. 9 *Sektierer* – Anhänger, Wortführer einer Sekte.

S. 16 *… denn hab ich keene Ratze* – »Eine Ratte (Ratze) haben« bedeutet beim Kegeln einen Fehlwurf.

S. 26 *Das Bärenweib* – In dem Wachsfigurenkabinett »Castan's Panopticum« wurde 1897 oder 1898 »das Bärenweib« gezeigt, bei dem es sich um die Nachbildung eines Menschen handelte, der an einer Missbildung der Extremitäten litt. Zurück ging diese Ausstellung auf die Weltausstellung 1894 in Antwerpen, in deren Rahmen Menschen mit solchen Fehlbildungen präsentiert worden waren, unter ihnen Alice Vance, die als »das Bärenweib« bekannt wurde. »Castan's Panopticum« hatte seinen Sitz bis 1888 in der Kaisergalerie. Als das Wachsfigurenkabinett das »Bärenweib« zeigte, war es bereits in das gegenüberliegende Gebäude der Pschorr-Brauerei in der Friedrichstraße 165 umgezogen, während in der Kaisergalerie ein weiteres Wachsfigurenkabinett eröffnet hatte. Hier scheint Ostwald die Eingänge der beiden Gebäude miteinander verwechselt zu haben.

S. 27 *Flagellantenbücher* – Bücher in Zusammenhang mit der sexuellen Vorliebe des Geschlagenwerdens und der Züchtigung.

S. 27 *Gräfes »Märchen«* – »Das Märchen« ist der Titel eines Aktbildes des Malers Gustav Graef (1821–1895) aus dem Jahr 1885, das eine Nymphe zeigt, die eben aus dem Wasser gestiegen ist und ihre Fischhaut abstreift. Ostwald berichtet in »Das galante Berlin« von dem »Amoureusen Skandal«, den dieses Bild auslöste. Dem Maler wurde unterstellt, ein Verhältnis mit dem Modell zu haben. Die Gerüchte nahmen solche Ausmaße an, dass sich die Staatsanwaltschaft einschaltete. Graef kam zwar in Untersuchungshaft, wurde schlussendlich aber freigesprochen. (Vgl. Hans Ostwald: *Das galante Berlin*, Berlin-Grunewald, Verlagsanstalt Hermann Klemm: 1928. S. 176–178)

S. 27 *»Le Nu au Salon«* – 1891 erschienener Roman von Paul Armand Silvestre (1873–1901), der zahlreiche Aktzeichnungen enthält.

S. 35 *Elsasserstraße* – Heute der Teil der Torstraße zwischen Rosenthaler Platz und Friedrichstraße in Berlin-Mitte. Der Teil der heutigen Torstraße zwischen Rosenthaler Platz und Prenzlauer Thor (Ecke Prenzlauer Allee) hieß damals Lothringerstraße.

S. 35 *Ringbahn* – Als Ringbahn wurde die ab 1898 verkehrende Straßenbahnlinie 1 bezeichnet. Ihre Streckenführung: Hallesches Tor – Königgrätzer Straße (Potsdamer Platz) – Sommerstraße – Reichstagsplatz – Roonstraße – Karlstraße – Friedrichstraße – Elsasserstraße – Lothringerstraße – Prenzlauer Allee und Berg – Friedenstraße – Strausberger Straße – Große Frankfurter Straße – Andreasstraße – Schillingbrücke – Cöpenicker Straße – Neanderstraße – Prinzenstraße – Gitschiner Straße – Hallesches Tor. (Aus: Wolfgang Kramer und Heinz Jung: *Linienchronik der elektrischen Straßenbahnen in Berlin bis 1945.* Berlin, Arbeitskreis Nahverkehr e.V. (Schriftenreihe Band 3): 1994)

S. 39 *Stettiner Bahnhof* – Seit 1950 Nordbahnhof.

S. 42 *Radfahrerlehrbahn* – Seit 2008 ist die Linienstraße eine der zwölf Berliner Fahrradstraßen, auf denen Fahrradfahrer Vorrang vor motorisiertem Verkehr haben, und setzt damit die Tradition der Straße als »fahrradfreundlich« fort.

S. 73 *Gasanstalt* – Auf dem Gelände des heutigen Ernst-Thälmann-Parks zwischen Greifswalder Straße und Prenzlauer Allee in Berlin-Prenzlauer Berg stand von 1873 bis 1984 die IV. Berliner Gasanstalt.

S. 73 *Fröbelstraße* – Das »Städtische Obdach« in der Fröbelstraße in Berlin-Prenzlauer Berg, die sogenannte »Palme«, war das größte Berliner Obdachlosenasyl der Stadt. Heute befinden sich in den Räumen Teile des Vivantes-Klinikums.

S. 76 *Kunden* – Umherziehende auf Wanderschaft ohne festen Wohnsitz.

S. 77 *... nach dem Alexanderplatz* – Am Alexanderplatz befand sich das auch als »Rote Burg« bekannte Berliner Polizeipräsidium an der Ecke Grunerstraße/An der Stadtbahn (heute Dircksenstraße). An dieser Stelle wurde das Einkaufszentrum Alexa errichtet.

S. 86 *Hofgänger* – Tagelöhner auf einem Gutshof.

S. 88 *Brandenburg* – Strafanstalt in Brandenburg an der Havel, die 1790 ursprünglich als Obdachlosenasyl vor den Toren der Stadt eröffnet wurde.

S. 92 *Teppken* – Töpfchen.

S. 93 *Pennbrüder* – Obdachlose.

S. 96 *Erziehungsanstalt* – Im Umfeld des Nordhafens in Berlin-Wedding gab es zwei Erziehungsanstalten: die Erziehungsanstalt »Johannesstift«, direkt an der Ecke Nordufer/Seestraße gelegen, und die Erziehungsanstalt »Zum Grünen Haus« an der Müllerstraße, gegenüber der Kameruner Straße. Vermutlich spricht Ostwald von der Erziehungsanstalt »Johannesstift«, da sie im näheren Umfeld des Weges lag, den Ostwald und sein Begleiter in diesem Kapitel einschlagen.

Nachwort

1907, also drei Jahre nach Erscheinen von Hans Ostwalds »Dunkle Winkel in Berlin«, veröffentlichte der französische Journalist Jules Huret (1863–1915) ein Buch über Berlin. Es handelt sich um den dritten Teil der Reihe *En Allemagne*, der 1909 unter dem Titel »Berlin« auf Deutsch erschien. Huret bringt der sich in diesen Jahren rasant verändernden Metropole in vielfacher Hinsicht große Sympathie entgegen. Er beschreibt Berlin als »freundlich, lebhaft, gastlich, mit seinem frischen, reinlichen Aussehen, den neuen Straßen, weißen Fassaden, vergoldeten Balkonen, blumengeschmückten Häusern, wie man sie heute baut, so schmuck, so blitzblank, so voller Abwechslung, was ich ganz besonders liebe«.[1]

Genau jener Wahrnehmung des wilhelminischen Berlins als einer hellen, gepflegten und wohlhabenden Großstadt setzt Ostwald seinen Blick entgegen, der sich auf die gesellschaftlichen Randgruppen richtet. Er möchte die Aufmerksamkeit weg von den Häuserfassaden hin zu den Menschen, ihren Lebensumständen und ihren Schicksalen lenken. Seine journalistische Herangehensweise ist eine in erster Linie emotionale, mitfühlende, die nicht selten in romantische Verklärung abgleitet.

Jules Huret, der Ostwalds Schriften wohl nicht kannte, bedauert in seinem Berlin-Porträt: »Ich wollte die ganz elenden Winkel Berlins kennen lernen, man konnte mir keine bezeich-

Dunkle Winkel in Berlin von **Hans Ostwald.** 4. Aufl.

Dieser erste Band der Grossstadtdokumente von Hans Ostwald, zeigt eine ganze Reihe von dunklen Winkeln der Reichshauptstadt in feuilletonistischer Form, die sich an vielen Stellen ins Dichterische steigert — und bildet so eine gelungene Einleitung der Sammlung. Die geheimnissvollen Centren des Lasters, die Gegenden, wo die Verkommenheit herrscht und neue Opfer in den Schlamm zerrt, unbekannte, neuartige Treffpunkte des Verbrechertums, die Schlupfwinkel der bittersten Armut, und der Halbwelt, das Leben und die Menschen in den grossartigen Wohltätigkeitsanstalten — vieles bringt durchaus neue Seiten des Grossstadtlebens, die bisher noch nirgends geschildert sind und die durch ihre ausgezeichnete Darstellung zu einem reizvollen Untergrund des Gemäldes werden, das die Grossstadtdokumente aufbauen sollen.

Werbeanzeige für den ersten Band der Großstadt-Dokumente *»Dunkle Winkel in Berlin«.*

nen. ... Die Prenzlauer Allee z.B. besitzt prachtvolle Arbeiterhäuser an breiten Straßen gelegen, mit hohen Fenstern, blumengeschmückten Veranden, ganz wie in den reichen Vierteln.«[2] Ostwald hätte, wäre er Hurets Gesprächspartner gewesen, darauf vermutlich erbost reagiert und ihn umgehend in die von der Prenzlauer Allee abzweigende Fröbelstraße geführt, wo sich zu jener Zeit das größte Obdachlosenasyl der Stadt befand. Unterstützt worden wäre Ostwald wahrscheinlich von dem Journalisten Paul Lindenberg (1859–1943), der sich in seinen Werken über Berlin als intimer Kenner seiner Heimatstadt erweist. Lindenbergs thematischer Ansatz ist zwar keineswegs auf das elende, problematische Berlin konzentriert, es wird von ihm aber auch nicht verschwiegen. In seinem 1895 erschienenen Buch »Berlin in Wort und Bild« schreibt er in einem Kapitel über die Lebensumstände von Obdachlosen: »Heimatlos – ein furchtbares Wort für Jeden, der es auf sich anwenden muß, am furchtbarsten und niederdrückendsten aber in der großen, glänzenden Stadt, die mit ihrem Luxus und ihrem Reichtum Hunderttausende blendete, welche, zumal wenn sie nur vorübergehend hier sind oder

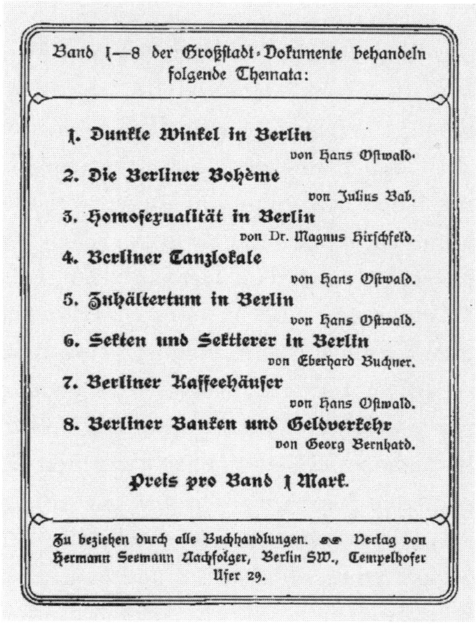

Werbeanzeige aus »Dunkle Winkel in Berlin« für die ersten acht Bänden der Großstadt-Dokumente. *Sie waren mit einer Mark pro Band sehr preiswert zu erwerben, um auch weniger gut Verdienende nicht von der Lektüre auszuschließen.*

selten über die Grenzen der vornehmen westlichen Quartiere hinauskommen, keine Vorstellung von dem in vielen Teilen Berlins herrschenden Elend haben.«[3] Zu jenen Geblendeten ist seinen Ausführungen nach wohl auch Huret zu zählen, der weiter bemerkt: »Ich wollte das Whitechapel Berlins oder gewisse Gassen der Butte Montmartre sehen, irgendeine feuchte, schmierige Spelunke, eine Mördergrube, wie es ihrer so manche noch in London, in Paris, in Petersburg oder in Rom gibt. Dergleichen existiert hier nicht. … Ich will nicht behaupten, es gebe in Berlin gar kein Elend, ich habe das Gegenteil erfahren, aber bezeichnend ist es immerhin, wie gut es sich verbirgt und daß es noch Scham zu empfinden mag.«[4]

Hätte das Schicksal die beiden Autoren zusammengeführt oder hätte Huret Ostwalds Texte gelesen, so wäre Hurets Meinung davon vielleicht beeinflusst worden. Düstere Ecken, zwielichtige Straßen und anrüchige Etablissements gab es in Berlin zur Genüge, und gerade die Tatsache, dass es sich dort durchaus leben ließ, ohne mit dieser Welt in tiefere Berührung zu kommen, geschweige denn mit jenen Menschen in Kontakt zu treten, bewegte Hans Ostwald dazu, 1904 die Reihe *Großstadt-Dokumente* ins Leben zu rufen. Er verstand sich selbst nicht als Flaneur, der aufmerksam durch die Straßen spaziert und das Gesehene auf sich wirken lässt. Im Gegenteil: Seine Rechercheweise war es, sich unbemerkt unter das Volk zu mischen, Gespräche zu suchen und Menschen anhand ihrer Lebensumstände zu porträtieren. Sein Anspruch war ein aufklärerischer, er hatte sich zum Ziel gesetzt, »Menschen anderen Menschen nahezubringen, Menschen für einander zu interessieren«, wie er in seinem Vorwort zu dem von ihm verfassten fünften Band der *Großstadt-Dokumente* »Zuhältertum in Berlin« schreibt.

Hans Ostwald – vom Arbeitersohn zum Journalisten

1873 als Sohn eines Schmieds geboren, wuchs Hans Ostwald in den berüchtigten Berliner Hinterhöfen in Wedding, später in Kreuzberg auf und war von klein an vertraut mit den Straßen der Großstadt. Nach einer Lehre zum Goldschmied arbeitete er einige Zeit in diesem Beruf, bevor er sich 1894 für mehrere Monate auf Wanderschaft begab. Darüber, ob er diesen Entschluss freiwillig fasste oder ob ihn die Arbeitslosigkeit dazu zwang, gehen die Angaben auseinander.[5] Diese Monate des Umherziehens waren eine Zeit, die ihn zutiefst prägte und zugleich den Grundstein für seine spätere journalistische Arbeit legte. Seine Erlebnisse hielt er in dem 1900 erschienenen, autobiografisch ge-

Die Grossstadtdokumente

die der bekannte Sittenschilderer und Sozialkritiker Hans Ostwald herausgiebt, bieten in äusserst billigen, leicht zu erwerbenden und gut ausgestatteten Bänden jedem Gebildeten die günstige Gelegenheit, auf unterhaltsame Weise das weite, hochinteressante Gebiet der modernen Grossstadt mit ihren Tiefen und Untiefen kennen zu lernen. Besonders werden jene Grossstadtexistenzen und Grossstadtereignisse in gediegener und doch durchaus einem jeden verständlichen fachmännischen Darstellung und Kritik geboten, die von näherer Erörterung in Zeitungen und Zeitschriften ausgeschlossen sind. Die dunklen Persönlichkeiten und dunklen Winkel werden durchleuchtet. Und grosse Stoffgebiete, dem Auge des Uneingeweihten fern, werden ihm nahe gerückt — stets von ersten anerkannten Sachkennern, deren Name dafür bürgt, dass der wissenschaftliche Gehalt durchaus auf der Höhe steht und auch die Form ihm nichts nachgiebt. Ja, diese Bände, die wegen ihrer Genauigkeit und Zuverlässigkeit zweifellos von bedeutendem dokumentarischen und kulturhistorischen Wert sind, ermöglichen es geradezu zum ersten Mal, irgend ein eigenartiges Stoffgebiet auf Grund von amüsanter Tatsachendarstellung wirklich ganz zu übersehen und den wissenschaftlichen Kern und die Geheimnisse der Materie zu erfassen.

Nicht Dinge und Vorgänge, die wissenschaftlich schon festgelegt sind, sollen hier geboten werden. Das Meiste wird hier zum ersten Mal schriftlich fixiert. Und so werden die Grossstadtdokumente sogar den ernsthaften Anspruch auf die Bezeichnung eines Quellenwerkes machen können.

Vor allen Dingen aber soll die Sammlung ein grosses, allseitiges Gemälde der modernen, der heutigen Weltstadt geben. Selbst wer die abscheulichen Schäden der Grossstadt erkennt und fasst, wird ihr doch einen gewissen Kulturwert nicht absprechen können. Und wer ihren Kulturwert preist, wird ihre Mängel nicht übersehen dürfen. Das alles sollen die Grossstadtdokumente bieten: den Wert, die Vorzüge der Grossstadt und ihre Missstände, Verderbtheiten und Verkehrtheiten.

Die Grossstadtdokumente erscheinen in Serien zu je 10 Bänden. Der Preis jedes Einzelbandes beträgt brosch. Mk. 1,—, geb. Mk. 2,—, Die ganze Serie, auf einmal bestellt, kostet brosch. Mk. 9,—, geb. Mk. 18,—.
Bezug kann durch jede Buchhandlung erfolgen.

Werbeanzeige aus den Bänden der Großstadt-Dokumente *für die Reihe.*

prägten Roman »Vagabonden« fest, der schnell zu einem großen Erfolg wurde und ihm den Weg für seine journalistische und schriftstellerische Karriere ebnete. Schon in diesem ersten Werk verfolgte er seine Methode des unmittelbaren Betrachtens und des Dokumentierens, der er auch in den *Großstadt-Dokumenten* treu blieb. Der Landstreicher als literarische Figur war nicht neu, Ostwalds Umgang mit diesem Thema und seine immer wieder geäußerte Kritik an den sozialen Umständen schon. Mehr als einmal betont er, wie leicht ein jeder in die Wohnungslosigkeit abrutschen könne, insbesondere wenn Arbeitslosigkeit und Schicksalsschläge zusammenträfen. Bemerkenswert an Ostwalds Debut ist seine um Authentizität bemühte Sicht auf die Männer und Frauen auf Wanderschaft, die »Kunden« und »Tippelschicksen«, und das sympathisierende, mitfühlende Moment in seinen Beschreibungen.

In der Folgezeit befasste sich Ostwald weiterhin mit der Thematik der Landstreicherei, sammelte in der Anthologie »Lieder aus dem Rinnstein« (1903) Gedichte und Lieder, die er auf seiner Wanderschaft gehört hatte. Auch in »Vagabonden« verwendet Ostwald gern und oft Begriffe der Landstreichersprache, die er einführend erklärt, danach aber selbstverständlich einsetzt und den Leser auf diese Weise scheinbar unmittelbar am Leben einer gesellschaftlichen Randgruppe teilhaben lässt, die die meisten sonst nur aus der Ferne beobachten.

Etwa zur gleichen Zeit erschloss sich Ostwald ein weiteres Feld, das seine Arbeit der kommenden Jahre prägte: Prostitution und Zuhältertum. Diese sogenannte Halbwelt nimmt in den »Dunklen Winkeln«, aber auch in vielen anderen Bänden der *Großstadt-Dokumente* einen zentralen Platz ein. 1905/06 erschien zudem Ostwalds zehnbändiges Werk »Das Berliner Dirnentum«.

Die Großstadt-Dokumente – ein Großprojekt
Im September 1904 kam die erste Auflage der »Dunklen Winkel in Berlin« auf den Markt, bei der es sich um den ersten Band der Reihe *Großstadt-Dokumente* handelt, die in den Jahren 1904 bis 1908 erschien. Ostwald, Herausgeber und zugleich Autor der Reihe, beabsichtigte mit dem Projekt, das Leben der zahlreicher werdenden Großstädte in Europa in all seinen Facetten einzufangen. Von den 50 Bänden der Reihe, die von 40 Autoren geschrieben wurden, befassen sich neben denen, die Berlin gewidmet sind, auch einige mit Wien, Hamburg und Sankt Petersburg.

Das Vorwort zum ersten Band eröffnet Ostwald mit den Worten: »Diese Großstadtdokumente sollen über die eigenartigen Persönlichkeiten und Bevölkerungsschichten, über die sittlichen und sozialen Zustände unserer modernen Großstädte Licht verbreiten.« Nicht zufällig spielt Ostwald mit der Licht-Schatten-Metapher, die programmatisch für die Reihe werden sollte, denn anders, als der Name vielleicht vermuten lässt, lenkt Ostwald das Augenmerk eben auf jene Seiten der Gesellschaft, die aus den bürgerlichen Wohnzimmern des wilhelminischen Berlins verbannt waren. Weiter heißt es im Vorwort: »[D]as Leben selbst soll sich mitteilen, soll als Stoff dienen. Und zwar das modernste Leben: das Leben der Großstadt.« Um diesem Anspruch gerecht zu werden, verfestigt Ostwald seine ganz eigene journalistische Methode, deren Grundstein er in »Vagabonden« legte.

Ostwald verfasste selbst fünf Bände der *Großstadt-Dokumente*: »Dunkle Winkel in Berlin« (Band 1), »Berliner Tanzlokale« (Band 4), »Zuhältertum in Berlin« (Band 5), »Berliner Kaffeehäuser« (Band 7) und »Berliner Spielertum« (Band 35). Als Herausgeber erwartete er auch von den übrigen Autoren der

Reihe, dass sie sich ihrem Thema über seinen journalistischen Ansatz näherten. Ostwald hatte sich ab 1896 als Redakteur der *Welt am Montag* und des Zentralorgans der Sozialistischen Arbeiterpartei Deutschlands, dem *Vorwärts*, einen Namen gemacht und konnte bei seiner Suche nach Autoren auf ein weitverzweigtes Netzwerk zurückgreifen. Zu den Verfassern der *Großstadt-Dokumente* gehören bekannte Namen wie der Sexualforscher Magnus Hirschfeld oder der Dramatiker Julius Bab, der spätere Begründer des »Kulturbundes Deutscher Juden«. Unter den Autoren waren aber, vor allem in den späteren Bänden, nicht nur beruflich mit dem Schreiben Vertraute. Im Vordergrund stand für Ostwald ein in der Praxis gewonnenes Expertenwissen, das sich nur durch eigene Erfahrungen erwerben lässt, und nicht die stilistische Qualität der Texte, die eine fundierte journalistische Ausbildung der Autoren vorausgesetzt hätte.

Ostwald bedient sich in seinen Texten kleiner Szenen und zahlreicher Dialoge, um das von ihm Erlebte so getreu wie möglich an den Leser weiterzugeben. Bewusst lässt er Wertungen weitgehend außen vor, Kommentare finden sich selten. Spürbar wird dennoch eine durchgängige Parteinahme für die von ihm beschriebenen Menschen. Er schildert sowohl als teilnehmender Beobachter als auch als allwissender Erzähler, der beifällig Details zu den Lebensumständen, ja sogar zu den intimsten Gedanken der von ihm Beschriebenen fallenlässt. Gerade diese Willkür in der Erzählperspektive suggeriert dem Leser, es mit einem Autor zu tun zu haben, der auf Respekt bedacht ist und den Gruppen zugehört, von denen er berichtet.

Diese meist (und bewusst) unsachlich und schon gar nicht wissenschaftlich daherkommende Darbietung der *Großstadt-Dokumente* erntete viel Lob, musste sich aber immer wieder auch der Kritik stellen, reißerisch oder voyeuristisch zu sein und

In der von **Hans Ostwald** herausgegebenen Sammlung **„Großstadt-Dokumente“** sind bis jetzt folgende Bände erschienen:

1. **Dunkle Winkel in Berlin** von Hans Ostwald. 8. Auflage.
2. **Die Berliner Bohême** von Julius Bab. 10. vermehrte Aufl.
3. **Berlins drittes Geschlecht** von Dr. med. Magnus Hirschfeld. 20. Auflage.
4. **Berliner Tanzlokale** von Hans Ostwald. 5. Auflage.
5. **Das Zuhältertum in Berlin** von Hans Ostwald. 8. Auflage.
6. **Sekten u. Sektierer in Berlin** von Eberh. Buchner. 5. Auflage.
7. **Berliner Kaffeehäuser** von Hans Ostwald. 7. Auflage.
8. **Berliner Banken** von Georg Bernhard. 4. Auflage.
9. **Aus den Tiefen der Berliner Arbeiterbewegung** von Alb. Weidner. 3. Auflage.
10. **Berliner Sport** von Arno Arndt. 5. Auflage.
11. **Das goldene Wiener Herz** von Max Winter. 7. Auflage.
12. **Wiener Sport** von Dr. Otto Herschmann. 3. Auflage.
13. **Im unterirdischen Wien** von Max Winter. 4. Auflage.
14. **Wiener Adel** von Felix Salten. 8. Auflage.
15. **Berliner Konfektion** v. Moritz Loeb. 10. Auflage.
16. **Wiener Verbrecher** von Emil Bader. 4. Auflage.
17. **Wiener Mädel** von Alfred Deutsch-German. 6. Auflage.
18. **Ballin, ein königlicher Kaufmann,** von Adolf Goetz. 5. Aufl.
19. **Was ein Berliner Musikant erlebte** v. Victor Noack. 4. Aufl.
20. **Berliner Lehrer** von Johannes Tews. 6. Auflage.
21. **Berliner Schwindel** v. Rechtsanwalt Dr. J. Werthauer. 5. Aufl.
22. **Variété und Tingeltangel in Berlin** von E. Buchner. 3. Aufl.
23. **Zehn Lebensläufe Berliner Kontrollmädchen** von Dr. med. Wilh. Hammer. 22. Auflage.
24. **Berliner Gerichte** von Rechtsanwalt Dr. Fr. Hoeniger. 5. Auflage.
25. **Berliner Klubs** von Spektator. 7. Auflage.
26. **Bilderstürmer in der Berliner Frauenbewegung** von Dr. Ella Mensch. 5. Auflage.
27. **Uneheliche Mütter** von Dr. med. Max Marcuse. 6. Auflage.
28. **Schwere Jungen** von Hans Hyan. 7. Auflage.
29. **Berliner Theater** von Walter Turszinsky. 4. Auflage.
30. **Lebeweltnächte der Friedrichstadt** von Satyr. 5. Auflage.
31. **Moabitrium** von Rechtsanwalt Dr. jur. J. Werthauer. 6. Auflage.
32. **Pétersbourg s'amuse** v. Viktor Günther. 3. Auflage.
33. **Sechs Monate Arbeitshaus** v. Arbeiter E. Schuchardt. 5. Aufl.
34. **Berliner Polizei** von Assessor *** 4. Auflage.
35. **Berliner Spieler** von Hans Ostwald mit Beitr. von Kgl. Krim.-Kommissar Hans v. Manteuffel.
36. **Moderne Geisterbeschwörer** von Hans Freimark. 3. Auflage.
37. **Der internationale Mädchenhandel** von Karl M. Baer.
38. **Die Wucherer und ihre Opfer** von Dr. jur. L. Benario. 4. Aufl.
39. **Der Hamburger „Junge Mann“** von Triton. 5. Auflage.
40. **Sittlichkeitsdelikte der Großstadt** von Dr. jur. J. Werthauer.
41. **Die Gurgel von Berlin** v. Dr. med. Magnus Hirschfeld. 4. Aufl.
42. **Meine Klienten** von Rechtsanwalt Dr. jur. W. Bahn. 2. Aufl.
43. **Berliner Beamte** von Clerk.
44. **Großstadt-Sozialismus** von Dr. med. Martin Ebeling.
45. **Großstädt. Wohnungselend** v. Dr. Albert Südekum, M. d. R.
46. **Der Hamburger Hafen** von Balder Olden. 3. Aufl.
47. **Berliner Warenhäuser** von Leo Colze.
48. **Geschlecht und Verbrechen** von Dr. med. et phil. Buschan.
49. **Gefährdete und verwahrloste Jugend** von Alfred Lasson.
50. **Neu-Berlin** von Edmund Edel.

Preis pro Bd. brosch. M. 1.—, geb. M. 2.—. Bezug durch alle Buchhandlungen.

Verlag von Hermann Seemann Nachfolger, Berlin NW. 87.

Anzeige zu allen 50 Bänden der Großstadt-Dokumente.

unter dem Deckmantel der Stadtethnografie anrüchige, pornografische Literatur zu veröffentlichen.

Insbesondere der von Hans Ostwald verfasste fünfte Band »Zuhältertum in Berlin« wurde stark kritisiert, wie das (auch dieser Ausgabe angefügte) Vorwort zur 7. und 8. Auflage der »Dunklen Winkel in Berlin« belegt. Darin wehrt sich Ostwald entschieden gegen den Vorwurf, »eine Apotheose des Zuhältertums« geschrieben zu haben. Ganz überzeugen kann Ostwalds Abwehr jedoch nicht. Liest man den besagten Band, kristallisiert sich schnell eine Grundhaltung heraus, der zufolge es die Prostituierten sind, die sich ihren Zuhälter suchen und ihn gefügig machen, ja sogar ins Verderben stürzen. Eine Haltung, die befremdlich erscheinen mag, allerdings mit Ostwalds ebenfalls in seinem Nachwort ausgeführter Sicht auf die menschliche Selbstbestimmung konform geht: »daß manche, ja viele Menschen ohne besondere eigene Schuld – wir wissen doch, daß wir keinen eigenen Willen und nur eine sehr beschränkte Selbstbestimmung haben – zum Unrat werden«. Hier wird im Kern deutlich, was Ostwald antreibt, nämlich die Grundannahme, dass es die Umstände sind, die einen Menschen zu dem machen, was er ist. Dementsprechend kann es für ihn nur einen Weg geben, um sozialem Elend Abhilfe zu schaffen: Die Verhältnisse müssen geändert werden. Vor diesem Hintergrund erscheint auch seine schier bedingungslose Parteinahme für sozial Gestrandete nur konsequent.

Auch die Staatsanwaltschaft wurde auf die Reihe aufmerksam. Der ursprüngliche Band 20, »Die Tribadie Berlins« von Wilhelm Hammer[6], wurde 1906 verboten, allerdings erst, nachdem bereits sechs Auflagen des Titels verkauft waren.[7] Hammer befasste sich in diesem *Großstadt-Dokument* mit lesbischen Frauen und deren Lebensgeschichten, eine Thematik, die offensichtlich die

Toleranzgrenze der wilhelminischen Behörden überschritt. Dies konnte insgesamt den Erfolg der Reihe aber nicht schmälern und ausgerechnet der von Magnus Hirschfeld verfasste dritte Band, »Berlins drittes Geschlecht«, in dem er das – damals unter Strafe stehende – homosexuelle Leben der Stadt thematisiert, avancierte mit 25 Auflagen in vier Jahren zum Spitzentitel.

Licht in den dunklen Winkeln

Im Folgenden werden die in den »Dunklen Winkeln« beschriebenen Schauplätze ein wenig genauer betrachtet. Im ersten Kapitel »Im Bouillonkeller« nimmt Ostwald den Leser mit in die Prinzenstraße. Bouillonkeller waren zu Beginn des 20. Jahrhunderts noch recht jung. Obwohl dort kein Alkohol ausgeschenkt wurde, breiteten sie sich über die ganze Stadt aus, denn sie waren noch lange geöffnet, nachdem die anderen Lokale bereits geschlossen hatten. Es verwundert also nicht, dass Ostwald in diesen Bouillonkellern das Leben, das ihn so interessierte, wie in einem verdichteten Mikrokosmos fand. Neben den Vergnügungssuchenden begegnen wir dort vor allem Zuhältern und Prostituierten.

Die im folgenden Kapitel behandelte Passage, die sich von der Behren- über die Friedrichstraße bis zu Unter den Linden erstreckte, scheint zunächst unter den »Dunklen Winkeln« etwas fehl am Platz zu sein. Immerhin handelte es sich hierbei um die 1873 eröffnete, nach Pariser Vorbild gestaltete Kaisergalerie. Mit über 50 Geschäften und zahlreichen Vergnügungsmöglichkeiten wie Cafés, Restaurants, einem Theater, einem Konzertsaal und dem Wachsfigurenkabinett »Panopticum« war die Kaisergalerie der Inbegriff des modernen Großstadtlebens. 1943 wurde die Passage mit ihrer überdachten Ladenstraße bei einem Bombenangriff stark beschädigt, die Überreste wurden 1957 abgerissen.

Sicherlich nicht zufällig lässt Ostwald die Geldverleiher, deren faule Geschäfte er beschreibt, vor diesem Kapitalismus verströmenden Konsum- und Unterhaltungstempel stehen.

Das Kapitel »Die bunte Ecke« fängt das Leben rund um das Oranienburger Tor ein, eine Gegend, die auch heute noch in jedem Berlin-Führer ihres Straßenstrichs und ihres ausgiebigen Nachtlebens wegen erwähnt wird und viel gemeinsam hat mit dem Bild, das Ostwald von ihr zeichnet: »ein dunkelster Winkel Berlins, die Gegend am Oranienburger Tor, hat die hellste Beleuchtung, das bunteste Treiben. Es ist, wie wenn sich das Laster am grellsten, schreiendsten drapieren müßte, wie wenn dunkles Treiben nicht immer Licht scheut, sondern es nur zu oft in größter Fülle braucht, es verschwendet, um so recht zur Geltung zu kommen.« Der Berliner Schriftsteller Thomas Brussig erkundet in seinem 2007 erschienenen Buch »Berliner Orgie« die Bordell- und Prostitutionslandschaft der Stadt. Unweigerlich führt ihn sein Weg auch zum Straßenstrich in der Oranienburger. Er schreibt über die Frauen dort: »Wie Sexpuppen sahen sie aus, wie eine Züchtung. Barbie hat die Laborphase durchlaufen und wird ersten Freilandversuchen ausgesetzt.«[9] Bei Ostwald klingt die Beschreibung der Prostituierten so: »Da huschen sie in Abendmänteln und Spitzentüchern und dünnen Jacketts hastig vorbei und hinaus ... bepuderte Gesichter – weiße Schultern. Und draußen umflüstert es jeden: ›Na, Schatz?‹«

Der »Abend im Scheunenviertel« führt in eine Ecke des Alten Berlins zwischen Alter Schönhauser Straße und Karl-Liebknecht-Straße (damals Prenzlauer Straße). Das von Ostwald beschriebene Frauenasyl lag in der Füsilierstraße, die nicht mehr existiert. Etwa an dem Ort befindet sich heute die Volksbühne. In Ostwalds Beschreibungen des jüdischen Viertels mit »Ghettotönen« spiegelt sich eine verbreitete Grundhaltung der

Die überdachte Ladenstraße der Kaisergalerie, 1895.

Der Eingang zur Passage an der Friedrichstraße, 1895.

Berliner wider. In den 1880er Jahren war die Zahl jüdischer Einwanderer in Berlin nach einer Welle von Pogromen in Russland stark angestiegen. Die Berliner Bevölkerung, alteingesessene jüdische Familien eingeschlossen, begegneten diesen »Ostjuden« mit großer Skepsis.[9] Dass Ostwald diese Vorbehalte teilte, ist eher unwahrscheinlich. Der Anteil der Juden unter den Autoren der *Großstadt-Dokumente* ist im Verhältnis zur Zahl jüdischer Journalisten in Deutschland zu dieser Zeit überdurchschnittlich hoch. Jüdische Themen finden in der Reihe immer wieder Raum, so beispielsweise in Band 12 »Wiener Sport«, in dem der Autor Otto Herschmann sich einen Rückgang des Antisemitismus durch die Gemeinschaft beim Sport erhofft.[10]

Zentrale Markthalle am Alexanderplatz, 1896.

Das Kapitel »Abfälle« versetzt den Leser an die Zentralmarkthalle am Alexanderplatz. In Berlin wurden ab dem Ende des 19. Jahrhunderts Markthallen errichtet, um die schnell wachsende Bevölkerung der Stadt ausreichend mit Lebensmitteln zu versorgen. Die Ende des 19. Jahrhunderts eröffnete Markthalle am Alexanderplatz lag beidseitig der Kaiser-Wilhelm-Straße, der heutigen Karl-Liebknecht-Straße. Bei einem Bombenangriff 1944 wurde sie weitgehend zerstört. In den 1950er Jahren notdürftig wieder aufgebaut, wich sie in den 1960er Jahren einem Neubau, ihre Bestimmung als Markthalle behielt sie. Nach den Wendejahren 1989/90 entstand in dem Gebäude die Shopping-Mall »Berlin Carré«, die 2013 geschlossen wurde. Im folgenden Abschnitt berichtet Ostwald von der Essensausgabe in einer Suppenküche.

Vor einer Suppenküche, 1895.

Paul Lindenberg spricht in seinem Buch »Berlin in Wort und Bild« von 16 über die gesamte Stadt verteilten und ehrenamtlich betriebenen Volksküchen, die Essen für sehr niedrige Preise an Bedürftige ausgaben. 1894 wurden, wie Lindenberg berichtet, über zwei Millionen Mahlzeiten an jene ausgegeben, »denen die riesige Kaiserstadt nichts von ihrem Überfluß abgegeben hat«.[11] Welche dieser Suppenküchen Ostwald im Sinn hatte, lässt sich nicht feststellen. Im letzten Abschnitt führt Ostwald den Leser in den wohlhabenden Westen, zu einer Gruppe Frauen, die in der Schlächterei Staatz nach Knochenfleisch anstehen. Im Berliner Adressbuch von 1904 findet sich ein Fritz Staatz, »Hofschlächtermstr. Sr. Maj. des Kaisers u. Königs und Sr. Maj. des Kaisers von Oesterreich, W8 Französischestr. 5«. Die Französische Straße, heute zu Berlin-Mitte gehörig, wurde damals dem Berliner Westen zugerechnet.

Um welches Lokal es sich bei der beschriebenen »Kaschemme« im folgenden Kapitel handelt, ist nicht festzustellen. Inhaltlich aber lässt sich erahnen, was die Kritiker, die Ostwald vorwarfen, mit seinem Band 5 der *Großstadt-Dokumente* »Zuhältertum in Berlin« eine »Apotheose der Zuhälter« verfasst zu haben, meinten. So erzählt ihm ein »alter, trockener Mensch, der den Anwesenden als eine Art Faktotum diente« – und von Ostwald durch diese Beschreibung als Eingeweihter vorgestellt wird –, die Lebensgeschichten einiger anwesender Zuhälter, die darauf hinauslaufen, dass die Männer dem Charme und der Raffinesse ihrer »Mädchen« ausgeliefert sind und, sich nach einem anderen Leben sehnend, auf eine Möglichkeit warten, ihren Fängen zu entkommen.

Die »Nacht bei den Obdachlosen« verbringt Ostwald in dem Obdachlosenasyl in der Fröbelstraße, dem »Städtischen Obdach«. Die sogenannte »Palme« war die größte Berliner Einrichtung dieser Art und bot in 40 Schlafsälen bis zu 5.000 Menschen Platz, Familien konnten dort sogar für mehrere Wochen unterkommen. Um 1900 lag die Fröbelstraße am Stadtrand von Berlin. Heute befinden sich in den Räumen Teile des Vivantes-Klinikums in Prenzlauer Berg.

Die »entlassenen Strafgefangenen« mussten sich im damaligen Land- und Amtsgericht in der Grunerstraße, Ecke Neue Friedrichstraße (heute Littestraße) melden, um sich um eine Arbeitsstelle zu bemühen. Bei den erwähnten Arbeitshäusern handelte es sich um Einrichtungen, die offiziell eine Reintegration in die Arbeitswelt unterstützen sollten. Landstreicherei und Bettelei standen im Kaiserreich unter Strafe und wer nicht nachweisen konnte, in den vergangenen sechs Monaten gearbei-

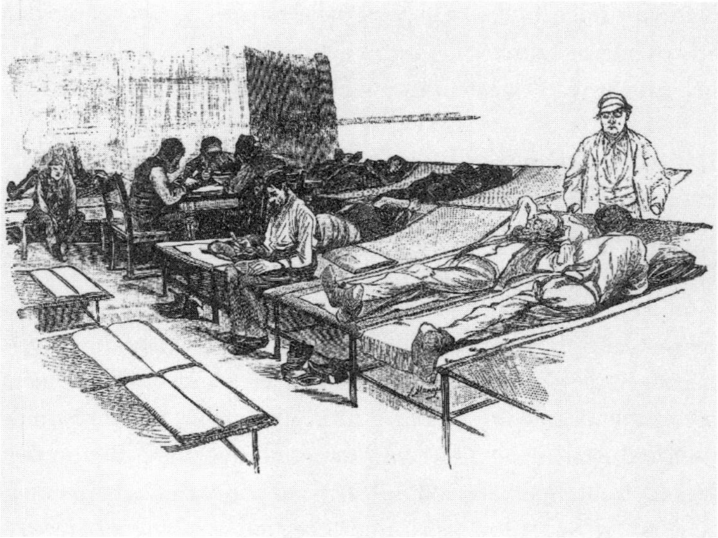

Schlafsaal im Asyl für Obdachlose, 1895.

tet zu haben, lief Gefahr, verhaftet zu werden. Bei erneuter Verhaftung drohte ein Aufenthalt in diesen Arbeitshäusern, die nur dem Schein nach soziale Zwecke verfolgten und in erster Linie dazu dienten, Vagabunden aus der Öffentlichkeit zu entfernen. Die katastrophalen Zustände, die in diesen Anstalten herrschten und die die Insassen oft geschwächt verließen, schildert Ernst Schuchardt aus eigener Erfahrung in »Sechs Monate Arbeitshaus«, Band 33 der *Großstadt-Dokumente*. Er berichtet von fürchterlichen, unmenschlichen Bedingungen, unter denen die Insassen des Arbeitshauses in Groß-Salze zu leiden hatten.

Die »Pennbrüder« in dem folgenden Kapitel sammeln sich am Courbièreplatz, dem heutigen Max-Josef-Metzger-Platz, in Ostwalds Heimatbezirk Wedding. Das in der Spitze zwischen

Gericht- und Müllerstraße gelegene Gelände trägt bis heute den Spitznamen »Lausepark«, angeblich wegen seines nicht sonderlich gepflegten Erscheinungsbildes.

Der Wandel vom Stadtethnografen zum ruhmlosen NS-Schriftsteller

1907 erkrankte Ostwald an einer Nervenkrankheit, heute wäre bei ihm vermutlich ein Burnout diagnostiziert worden. Zu Beginn des 20. Jahrhunderts wurden Nervenerkrankungen als direkte Reaktion auf das hektische Großstadtleben und die Anforderungen des modernen Arbeitsalltags verstanden. Nach einem mehrmonatigen Kuraufenthalt zurück in Berlin, zog die Familie Ostwald nach Zehlendorf und damit an den Rand der an den Nerven zehrenden Metropole. Ostwald nahm sein arbeitsintensives Schaffen als Journalist und Schriftsteller zwar wieder auf und brachte die *Großstadt-Dokumente* zum Abschluss, seine Grundeinstellung der Großstadt gegenüber aber wandelte sich langsam und er begann, seinen Fokus auf die Berliner Kulturgeschichte zu verlagern. 1911 erschien mit »Berlin und die Berlinerin. Eine Kultur- und Sittengeschichte« ein üppig illustriertes Werk, das in zahlreichen Neuauflagen erschien. Wie er im Vorwort formuliert, soll »[k]ein wissenschaftliches Werk … die Leser belasten, sondern zwanglose Unterhaltungen sollen sie in die Vergangenheit und Gegenwart Berlins einführen«.[12] Von einem aufklärerischen Anspruch ist in dieser Ankündigung nichts zu spüren. Gleichzeitig engagierte sich Ostwald in den Folgejahren in der Erwerbs- und Obdachlosenhilfe und der Arbeitsbeschaffung. 1910 rief er als Gründungsmitglied den zu diesen Zwecken eingerichteten »Verein für soziale Kolonisation Deutschlands e.V.« ins Leben. Vorhaben des Vereins war es, unerschlossene Landflächen aufzukaufen, sie von arbeitslosen Städtern zur Be-

Obdachlose auf einer Parkbank, 1895.

siedelung herrichten und im Anschluss bewirtschaften zu lassen. Ostwald wollte, wie Ralf Thies schreibt, in dieser Funktion »den Schritt vom Sozialkritiker zum Praktiker vollziehen, sich vom schreibenden Intellektuellen zum aktiven Sozialpolitiker wandeln«.[13] Er verschrieb sich ganz den Zielen des Vereins und ließ seine journalistische Tätigkeit zeitweise fast völlig in den Hintergrund treten. Dem Verein war jedoch kein großer Erfolg beschieden und er befand sich wenige Jahre später vor der Insolvenz. Ostwald, der das um jeden Preis verhindern wollte, schönte kurzerhand die Zahlen, woraufhin ihm das Vertrauen des Vorstands entzogen wurde.[14] Beruflich musste er sich nun neu orientieren, seine Überzeugung aber, dass die in der Großstadt herrschenden Lebensumstände der Bevölkerung nicht gut täten und die Zukunft der Arbeitslosenhilfe auf dem Lande liege, verfestigte sich.

Um diesen scheinbar plötzlichen Wandel zu verstehen, lohnt ein kurzer Blick in die nahe Vergangenheit. 1900 hatten die Brüder Julius und Heinrich Hart die eng an lebensreformerischen Ideen orientierte »Neue Gemeinschaft« ins Leben gerufen, ein Zusammenschluss namhafter Künstler und Intellektueller, der die Entstehung der alternativen Lebensgemeinschaft am Tessiner Monte Veritá nahe Ascona inspirierte. Ihren Sitz hatte die Berliner Gemeinschaft zunächst in einer Wohnung in der Wilmersdorfer Uhlandstraße 144, wo Ostwald ab 1901 mit seiner Familie wohnte (1899 hatte er Jenny Weidner geheiratet, 1901 wurde Sohn Ulrich geboren, 1902 Tochter Hilde). Ostwald gehörte zum engsten Kreis der »Neuen Gemeinschaft« und hatte sich ihrer ideologischen Ausrichtung verschrieben, die sich einem möglichst ursprünglichen Leben in der Natur zuwandte und einen Gemeinschaftssinn fernab kapitalistischer Tendenzen propagierte. Aber bereits 1904 macht sich Ostwald in den »Berliner Kaffeehäusern« (*Großstadt-Dokumente* Band 7) über die sich auflösende Gemeinschaft und ihre Gründerbrüder Hart lustig.[15] Dennoch kann aber seine in dem Vorwort zu den »Dunklen Winkeln in Berlin« durchklingende Großstadt-Euphorie von Zweifeln und Vorbehalten nicht ganz ungetrübt gewesen sein.

1916, nachdem der »Verein für soziale Kolonisation Deutschlands« aufgelöst worden war, wurde Ostwald Mitarbeiter des Kriegsamtes und stellte seine Arbeitskraft in den Dienst der Kriegspropaganda. Er schrieb an die kämpfenden Soldaten Berichte von der »Heimatfront«, in denen er, um die Moral der Soldaten aufrechtzuerhalten, beteuerte, dass das Leben nicht allzu sehr vom Krieg und der schlechten Versorgungslage erschüttert sei.

Nach Ende des Ersten Weltkriegs schrieb er erneut im Auftrag der Regierung, als Experte für Arbeitsbeschaffung war er insbesondere im Hinblick auf die nach Kriegsende arbeitslos gewordenen Industriearbeiter gefragt. Er trat nun als Kriegsgegner auf und entpuppte sich endgültig als »äußerst geschickter Propagandaschreiber«, wie Ralf Thies feststellt: »Es ist verblüffend, mit welcher Unerschrockenheit und Anpassungsfähigkeit er seine Schreibkünste in den Dienst eines Auftraggebers nach dem anderen stellte und dabei seine Argumente nach Belieben drehte und wendete.«[16]

Im Folgenden wurde Ostwald Leiter der »Arbeitsgemeinschaft für staatsbürgerliche und wirtschaftliche Bildung«, die politische Propagandaarbeit betrieb und ihm damit eine Fortführung seiner bisherigen Tätigkeit ermöglichte. Als diese Gesellschaft jedoch 1920 wieder aufgelöst und ihm keine weiteren beruflichen Perspektiven geboten wurden, kehrte Ostwald zu seinem früheren Dasein als freischaffender Journalist und Schriftsteller zurück. Dies gelang ihm zu Beginn vor allem durch Zweitverwertungen seiner bereits erschienenen Bücher recht erfolgreich. In den folgenden Jahren erschloss er sich das lukrative Feld der unterhaltenden Text-Bild-Bände, zu denen beispielsweise »Das galante Berlin« (1928) zählt, das sich wie eine *Gala* der Berliner Gesellschaft seit dem 15. Jahrhundert liest. In dieser Zeit entstand auch sein heute noch einigen bekanntes Buch »Der Urberliner« (1927), in dem er, wie der Untertitel sagt, den Berliner »in Witz, Humor und Anekdoten« porträtiert. In der Humorforschung fand Ostwald ein neues Steckenpferd und so entstanden nicht nur Bücher wie »Vergnügte Tiere« (1928), in dem Anekdoten mit Tieren versammelt sind, sondern auch das Coffee Table Book »Vom goldenen Humor in Wort und Bild« (1929). 1929 erschien das von Ostwald herausgegebene »Zillebuch«, eines der drei Zille-Bücher des einst so erfolgreichen Schriftstellers, die bis heute nicht völlig vergessen sind.

Nach dem Tod Heinrich Zilles 1929 gab Ostwald unter Mitarbeit von dessen Sohn Hans die zwei weiteren Zille-Bücher »Zille's Vermächtnis« (1930) und »Zille's Hausschatz« (1931) heraus. Ostwald wurde der Vorwurf gemacht, Zilles politische Seite unterschlagen und ein seichtes, heimattümelndes Buch auf den Markt gebracht zu haben.[17]

Anlässlich des Reichserntedankfestes 1933 war Ostwald von dem Berliner Verlag Reimar Hobbing beauftragt worden, ein opulentes Werk zu diesem Ereignis herauszugeben. Der Band »Erntedankfest. 1. Oktober 1933. Der deutschen Bauern Ehrentag« erschien als mit zahlreichen Kunstdrucken illustrierte Ausgabe und ist, wie Ralf Thies schreibt, »eine einzige Verherrlichung Hitlers«. Dennoch kam Ostwalds Karriere während der Zeit der nationalsozialistischen Diktatur auf keinen grünen Zweig mehr, auch wenn er verschiedene Anläufe unternahm, sich anzudienen. Er verschrieb sich ideologisch – oder, wie ein Brief aus dem Jahr 1932 an seinen Sohn Ulrich zeigt, in dem er noch von nationalsozialistischer »Willkürherrschaft« spricht, wohl doch eher opportunistisch[18] – dem Nationalsozialismus und verfasste Beiträge und Schriften in dessen Sinne. Doch immer wieder holte ihn seine Vergangenheit als Sozialdemokrat und Schriftsteller des »dunklen Berlins«, unter anderem auch der *Großstadt-Dokumente*, ein. Sein Antrag auf Mitgliedschaft in der NSDAP, den er nach der Machtübernahme stellte, wurde mit Verweis auf sein SPD-Parteibuch, das er bis 1932 besaß, abgelehnt.

Einen weiteren Versuch, die Sympathien des neuen Regimes zu erlangen, unternahm er 1933 mit dem Kauf des Gutshofes Ludwigshof in Mecklenburg-Vorpommern. Er plante, dort eine eng an den Richtlinien des einstigen »Vereins für soziale Kolonisation Deutschlands« orientierte Siedlung zu schaffen, die arbeitslosen Berlinern eine Erwerbsmöglichkeit bot. Er kehrte damit zu seinem früheren Engagement zurück, nun allerdings warb er für sein Anliegen ganz im nationalsozialistischen Sinne, sprach von seinem Unternehmen als »Dienst am deutschen Boden«.[19] Die Siedlung blieb jedoch nach dem Kauf des Geländes nicht mehr als eine Idee. Die in Aussicht gestellten Unterstützungen wurden ihm versagt. Ostwald selbst hatte sein gesamtes Privatvermögen investiert und war finanziell ruiniert.

1934 geriet Ostwald in Konflikt mit der Gestapo wegen eines von ihm verfassten und noch im Entstehen begriffenen Bandes, der die Geschichte des deutschen Bauerntums aufarbeitete. Dort sollte eine Rede von Walther Darré, ab Juni 1933 Reichsminister für Ernährung und Landwirtschaft, abgedruckt werden. Eine offizielle Genehmigung hierfür lag allerdings nicht vor, was eine Überprüfung von Ostwalds Person zur Folge hatte. Vorgeworfen wurden ihm vor allem seine frühen Werke, in denen er sich mit Prostitution befasst hatte. Er wurde als unzuverlässiger Autor eingestuft und das Erscheinen des Buches unter seinem Namen verboten. Da ihm bereits Honorar gezahlt worden war, erschien das Buch 1935 dennoch unter dem Titel »Deutsches Bauerntum. Sein Werden, Niedergang und Aufstieg« – als Herausgeber des Bandes fungierte jedoch Karl Scheda, der am Manuskript mitgearbeitet hatte. Der im Sinne des Blut-und-Boden-Mythos verfasste Text Ostwalds wurde unverändert übernommen. Der Inhalt war, im Gegensatz zu der Vergangenheit seines Verfassers, ideologisch offensichtlich einwandfrei.

In den letzten Jahren bis zu seinem Tod im Jahr 1940 wurde Ostwald als Schriftsteller geduldet, konnte allerdings keine großen Erfolge mehr feiern. 1937 erschien die überarbeitete Neuauflage von »Zille's Hausschatz«, die Zilles Werk als im Geiste der nationalsozialistischen Idee der Bekämpfung von Armut stehend präsentiert und offen vermutet, er hätte sich, wäre er noch am Leben, mit Freude der nationalsozialistischen Bewegung angeschlossen.[20] Etwa 100, Berlin in allzu großem Elend zeigende Illustrationen wurden entfernt, ebenso wie Texte von jüdischen Autoren wie Alfred Döblin oder Max Liebermann. Noch 1930 hatte Ostwald »Das Liebermann-Buch« mit 270 Zeichnungen seines 1935 verstorbenen Freundes auf den Markt gebracht. 1938 erschien das Buch »Deutschland. Ein Buch der Heimat«, ein Band mit 288 »Kupfertiefdrucken« von deutschen Städten und Landschaften als zweite überarbeitete Auflage (91.–140. Tausend) des 1930 erschienenen Bandes »Das Deutschland-Buch«. Bei der ersten Auflage findet sich Ostwalds Name nicht, während er bei der zweiten die Herausgeberschaft übernommen hatte. Beiden Ausgaben sind Loblieder auf die deutsche Heimat im Sinne der nationalsozialistischen Ideologie vorangestellt. Die Einleitung zur ersten Auflage hatte der Schriftsteller Rudolf Presber (1868–1935) verfasst, das Vorwort zur zweiten Auflage stammt von dem NS-Schriftsteller Werner Beumelburg (1899–1963). Die Arbeit des Herausgebers Ostwald bestand im Wesentlichen nur darin, den Band um einen kurzen, die Landschaftsbilder erläuternden Teil zu ergänzen.

Am 8. Februar 1940 verstarb Hans Ostwald. Beigesetzt wurde er auf dem Städtischen Friedhof Zehlendorf. Sein umfangreiches Werk ist heute, wenige Titel ausgenommen, weitgehend unbekannt, nicht zuletzt, da er sich insbesondere während der nationalsozialistischen Diktatur selbst dafür eingesetzt hatte, seine frühen, sozial engagierten Werke zu verschweigen. Sein opportunistisches Bekenntnis zum Nationalsozialismus ließ ihn nach 1945 in Vergessenheit geraten.

Marijke Topp

Anmerkungen

1 Huret, Jules: *Berlin. In Deutschland. Dritter Teil.* Einzige berechtigte Übersetzung aus dem Französischen von Nina Knoblich. München, Albert Langen Verlag für Litteratur und Kunst: 1909. S. 6.

2 Ebd. S. 22.

3 Lindenberg, Paul: *Berlin in Wort und Bild.* Reprint der Originalausgabe 1895 nach dem Exemplar der Berliner Stadtbibliothek. Leipzig, Zentralantiquariat der Deutschen Demokratischen Republik: 1987. S. 173.

4 Huret, *Berlin.* S. 22.

5 Die biografischen Angaben zu Ostwald stützen sich im Wesentlichen auf zwei Publikationen: Thies, Ralf*: Ethnograph des dunklen Berlin. Hans Ostwald und die »Großstadt-Dokumente« (1904–1908).* Köln u. a., Böhlau Verlag: 2006 sowie die Einleitung des Herausgebers Klaus Bergmann in: Ostwald, Hans: *Vagabunden. Ein autobiographischer Roman.* Herausgegeben und eingeleitet von Klaus Bergmann. Frankfurt/Main, New York, Campus Verlag: 1980. Die Originalausgabe erschien 1900 unter dem Titel »Vagabonden«.

6 Die Bandnummer 20 wurde doppelt vergeben. Auch Johannes Tews' »Berliner Lehrer« erschien als *Großstadt-Dokument* 20, genau genommen umfasst die Reihe also 51 Bände.

7 Vgl. Thies, *Ethnograph des dunklen Berlin.* S. 128–130.

8 Brussig, Thomas: *Berliner Orgie.* München/Zürich, Piper Verlag: 2007. S. 26.

9 Vgl. Large, David Clay: *Berlin. Biographie einer Stadt.* Aus dem Englischen von Karl Heinz Siber. München, C.H. Beck Verlag: 2002. S. 45

10 Vgl. Thies: *Ethnograph des dunklen Berlin.* S. 133–135.

11 Lindenberg: *Berlin in Wort und Bild.* S. 428.

12 Ostwald, Hans: *Berlin und die Berlinerin. Eine Kultur- und Sittengeschichte.* Berlin, Hans Bondy, Verlagsbuchhandlung: 1911. S. 12.

13 Thies: *Ethnograph des dunklen Berlin.* S. 227.

14 Ebd. S. 240.

15 Vgl. Ebd. S. 94.

16 Ebd. S. 256/257.

17 Ebd. S. 276/277.

18 Ebd. S. 281

19 Thies zitiert aus Ostwalds unveröffentlichtem und undatiertem Typoskript *Kann die Industrie bei der deutschen Siedlung mitwirken?* Vgl. Thies: *Ethnograph des dunklen Berlin.* S. 286.

20 Ebd. S. 279.

Über den Autor

Hans Ostwald, 1873–1940, zählt zu den bedeutenden populärwissenschaftlichen Kulturhistorikern Berlins zu Beginn des 20. Jahrhunderts und nahm sich in seinen Werken stets des Alltags und der Lebensumstände der niedrigen sozialen Schichten an. Zu seinen bekanntesten Werken zählen »Der Urberliner in Witz, Humor und Anekdote«, seine Zille-Bücher und die 50-bändige Reihe *Großstadt-Dokumente*, die bis heute ein einzigartiges Projekt zur Erforschung der Randgruppen der modernen Stadt ist.

Mehr Berliner Orte!

In den »Berliner Orten« nähern sich Autoren mit ihrem ganz eigenen Stil einem Ort, der für sie eine besondere Rolle spielt. Mal persönlich, mal historisch und immer ganz individuell zeigt die Reihe Berlin in seiner ganzen Vielfältigkeit und Kreativität.

Knut Elstermann
Meine Winsstraße
ISBN 978-3-89809-107-7

Brauseboys
Geschichten aus der Müllerstraße
ISBN 978-3-89809-108-4

Kurt Tucholsky
Westend bis Köpenick
ISBN 978-3-89809-109-1

Volker Wieprecht
Zwischen Kreisel und Kleistpark
ISBN 978-3-89809-119-0

Rolf Schneider
Bölschestraße
ISBN 978-3-89809-120-6

Hans Ostwald
Dunkle Winkel
ISBN 978-3-89809-121-3

www.bebraverlag.de

je 144 Seiten,
je 9,95 € [D]

be.bra verlag

Frank-Lothar Kroll
Geburt der Moderne
Politik, Gesellschaft und Kultur vor dem Ersten Weltkrieg

224 Seiten, 15 Abbildungen, gebunden
ISBN 978-3-89809-401-6
19,90 € [D]

Das Deutschland der Jahrhundertwende war ein Land der Gegensätze. Nach außen trat es als koloniale Groß- und Weltmacht auf, im Innern kündigten Reformansätze auf allen Gebieten des öffentlichen Lebens eine neue Zeit an. Frank-Lothar Kroll beschreibt die umfassenden Veränderungen, die das späte Kaiserreich als einen der fortschrittlichsten Nationalstaaten in Europa auszeichneten. Erst durch den Kriegsausbruch von 1914 wurde der damals vorgegebene Weg in die Moderne abgebrochen.

www.bebraverlag.de

be.bra verlag